高等法律职业教育系列教材
审定委员会

高等法律职业教育系列教材

刑事图像技术实训教程

XINGSHI TUXIANG JISHU SHIXUN JIAOCHENG

主　　编 ○ 周小凤　王　亮

副主编 ○ 阳　雁　顾　伟

撰稿人 ○（按撰写内容先后为序）

王　亮　周小凤　顾　伟　李俊磊

阳　雁　周亚萍　曾德梅

中国政法大学出版社

2022·北京

图书在版编目（CIP）数据

刑事图像技术实训教程/周小凤，王亮主编.—北京：中国政法大学出版社，2022.4
ISBN 978-7-5764-0280-3

Ⅰ.①刑…　Ⅱ.①周…②王…　Ⅲ.①司法摄影－教材　Ⅳ.①D918.2

中国版本图书馆CIP数据核字(2021)第280978号

出 版 者　　中国政法大学出版社
地　　址　　北京市海淀区西土城路 25 号
邮　　箱　　fadapress@163.com
网　　址　　http://www.cuplpress.com (网络实名：中国政法大学出版社)
电　　话　　010-58908435(第一编辑部) 58908334(邮购部)
承　　印　　固安华明印业有限公司
开　　本　　787mm×1092mm　1/16
印　　张　　9
字　　数　　187 千字
版　　次　　2022 年 4 月第 1 版
印　　次　　2022 年 4 月第 1 次印刷
印　　数　　1~3000 册
定　　价　　32.00 元

高等法律职业化教育已成为社会的广泛共识。2008 年，由中央政法委等 15 部委联合启动的全国政法干警招录体制改革试点工作，更成为中国法律职业化教育发展的里程碑。这也必将带来高等法律职业教育人才培养机制的深层次变革。顺应时代法治发展需要，培养高素质、技能型的法律职业人才，是高等法律职业教育亟待破解的重大实践课题。

目前，受高等职业教育大趋势的牵引、拉动，我国高等法律职业教育开始了教育观念和人才培养模式的重塑。改革传统的理论灌输型学科教学模式，吸收、内化"校企合作、工学结合"的高等职业教育办学理念，从办学"基因"——专业建设、课程设置上"颠覆"教学模式："校警合作"办专业，以"工作过程导向"为基点，设计开发课程，探索出了富有成效的法律职业化教学之路。为积累教学经验、深化教学改革、凝塑教育成果，我们着手推出"基于工作过程导向系统化"的法律职业系列教材。

《国家中长期教育改革和发展规划纲要（2010～2020 年）》明确指出，高等教育要注重知行统一，坚持教育教学与生产劳动、社会实践相结合。该系列教材的一个重要出发点就是尝试为高等法律职业教育在"知"与"行"之间搭建平台，努力对法律教育如何职业化这一教育课题进行研究、破解。在编排形式上，打破了传统篇、章、节的体例，以司法行政工作的法律应用过程为学习单元设计体例，以职业岗位的真实任务为基础，突出职业核心技能的培养；在内容设计上，改变传统历史、原则、概念的理论型解读，采取"教、学、练、训"一体化的编写模式。以案例等导出问题，根据内容设计相应的情境训练，将相关原理与实操训练有机地结合，围绕关键知识点引入相关实例，归纳总结理论，分析判断解决问题的途径，充分展现法律职业活动的演进过程和应用法律的流程。

　　法律的生命不在于逻辑，而在于实践。法律职业化教育之舟只有驶入法律实践的海洋当中，才能激发出勃勃生机。在以高等职业教育实践性教学改革为平台进行法律职业化教育改革的路径探索过程中，有一个不容忽视的现实问题：高等职业教育人才培养模式主要适用于机械工程制造等以"物"作为工作对象的职业领域，而法律职业教育主要针对的是司法机关、行政机关等以"人"作为工作对象的职业领域，这就要求在法律职业教育中对高等职业教育人才培养模式进行"辩证"地吸纳与深化，而不是简单、盲目地照搬照抄。我们所培养的人才不应是"无生命"的执法机器，而是有法律智慧、正义良知、训练有素的有生命的法律职业人员。但愿这套系列教材能为我国高等法律职业化教育改革作出有益的探索，为法律职业人才的培养提供宝贵的经验、借鉴。

2016 年 6 月

前言
Foreword

　　《刑事图像技术实训教程》依据公安机关刑事照相的要求，以刑事照相的处理程序和方法为主要内容进行编排，旨在培养学生刑事照相及图像处理的技术，是一本实用性和操作性很强的实训教程。学生通过对教材的理解和实操，可以掌握刑事案件现场拍照的基本方法及程序，了解和掌握刑事图像的常规处理办法，并学会刑事照片卷的制作方法等，掌握实践所需的基础照相技能。

　　本书作为司法高等职业院校教材，在确定实用性专门人才培养目标的同时，根据现代教学的规律和特点，以工作过程为导向，按照"项目引导、任务驱动"为体例进行编排，将刑事图像技术分为五个环节设置实训内容，着重培养学生的行业实操技能。第一部分是准备现场照相，主要围绕数码照相机结构和性能、基本操作方法、拍摄技术，现场照相的要求、步骤、方法及刑事照相计划展开实训，旨在让学生掌握数码照相机的使用方法，明确刑事照相的基本要求，为后续的实施照相做好理论和技术准备；第二部分是实施现场照相，主要围绕现场照相、辨认照相、物证常规检验照相、物证特种检验照相等设计实验，让学生掌握刑事照相的基础技术及疑难物证的照相技术，培养学生的操作技能；第三部分是对刑事图像进行处理，本书引进了实践中常用的 Photoshop 软件技术及模糊图像处理技术，让学生了解先进图像技术在刑事图像处理中的应用并掌握一定的处理方法和技巧，辅助其对模糊、重叠、运动物证照片的处理；第四部分是制作现场图像照相卷,从刑事现场照相卷和物证检验照相卷两个方面设计实验内容,让学生掌握实践中常用的两种制卷方法;第五部分是典型刑事案件的现场照相,开展模拟犯罪现场照相实训让学生将前期学到的技术真正用于实际案件,进一步检验和培养实操技能。本书设计的实训内容丰富,基本囊括了实践中刑事图像处理的各个方面,同时通过一定的理论知识铺垫,帮助学习者充分理解知识点,并掌握较好刑事图像处理技能,培养满足行业实践部门的刑事图像处理及应用能力。

本教材严格按照国家标准《现场照相、录像要求》(GB/T 29349 – 2012)、《物证检验照相录像规则》(GB/T 29352 – 2012)、《比例照相规则》(GB/T 23865 – 2009)、《法庭科学数字影像技术规则》(GB/T 29350 – 2012)、《法庭科学照相制卷质量要求》(GB/T 29351 – 2012)及行业标准《脱影照相方法规则》(GA/T 157 – 1996)、《翻拍照相方法规则》(GA/T 156 – 1996)、《近距离照相方法规则》(GA/T 222 – 1999)、《现场照相方法规则》(GA/T 582 – 2005)等相关技术标准和要求进行编写。注重理论与实践结合,注意两个基本结构:一是知识结构,二是能力结构。力求做到知识点"精要",技能点"实用",同时注重教材的可操作性,突出对学生实操技能的训练。同时,将工作任务设计成实训任务,以体现"工学结合"的理念及"任务+能力"、"任务+训练"的特色。通过精选典型情景进行实训,提炼工作要点,开展工作程序,模拟实操内容,拓展知识点等,培养学生掌握工作要点、工作实操技能和运用能力。同时,每个环节注意汲取最新技术,如模糊图像处理技术、无人机技术等,引导学生去思考问题、挖掘精要,因而本实训教材也是一部实用价值较高的实训教程。

本教材突出以下特点:一是基本理论知识点"精要简明",通过精简各项照相技术的基本理论知识,以学生应知应会的知识为思路,尽量采用简明扼要的理论内容做知识储备;二是强调能力的培养,教材在编写过程中注意设置实践中常用的拍照技术,旨在让学生掌握常规照相处理方法和要领;三是教材的通用性,本书不仅可以作为刑事侦查技术专业、刑事执行专业学生的指定教材,还可以作为侦查实战一线的参考书籍;四是体例新颖,本教材以工作过程为导向,每个工作环节设置具体任务,每个任务以

"实训原理分析、实训内容、实训器材、实训步骤与方法、实训练习"为体例，通过基本的理论知识和实操环节，引导学生去思考问题、解决问题，调动学生的探索性思维和主动实操能力。

本教材由周小凤、王亮为主编，阳雁、顾伟为副主编，曾德梅、周亚萍、李俊磊参编。具体写作及分工如下（按撰写内容先后为序）：

王　亮：实训项目一；

周小凤：实训项目二；

顾　伟：实训项目三（实训任务一）；

李俊磊：实训项目三（实训任务二）；

阳　雁：实训项目三（实训任务三、四）；

周亚萍：实训项目四；

曾德梅：实训项目五。

周小凤对全书进行修改、统稿与整理。

当然，本教材不可能纯属独家创作，只能在已有的学术成果上有不同程度的创新，加之部分实训设备和器材的局限，所以设置实训内容仍受到一定的局限。为此，我们特别感谢那些为本教材提供原始研究成果的同行和朋友们，也特别感谢为实训提供场地和实验室的各兄弟单位。同时，本教材能顺利出版得到了中国政法大学出版社、广东司法警官职业学院的大力支持和密切合作，在此一并表示感谢！本教材体例方面设置较为新颖，但是设计的实训任务多，从而面临诸多实训难题，教材完成情况仍不尽完美，欢迎广大读者和专家对本教材提出批评和建议。

编　者

2021 年 3 月

实训项目一　准备现场照相 ………………………………………………… 1

实训任务一　熟悉照相机的基本结构和使用方法 …………………………… 2
实训内容一　了解数码照相机结构和性能 ……………………… 2
实训内容二　掌握数码照相机照相的基本操作方法 …………… 6
实训内容三　掌握数码照相机拍摄基本技术 …………………… 8

实训任务二　掌握现场照相的要求和方法 ………………………… 11
实训内容一　明确现场照相要求 ………………………………… 11
实训内容二　了解现场照相的步骤和方法 ……………………… 13
实训内容三　拟定现场照相的方案 ……………………………… 16

实训项目二　实施现场照相 ……………………………………………… 18

实训任务一　掌握现场照相 ………………………………………… 19
实训内容一　掌握现场方位照相 ………………………………… 19
实训内容二　掌握现场概貌照相 ………………………………… 21
实训内容三　掌握现场重点照相 ………………………………… 22
实训内容四　掌握现场细目照相 ………………………………… 24

实训任务二　掌握辨认照相 ………………………………………… 26
实训内容一　掌握犯罪嫌疑人或罪犯辨认照相 ………………… 26
实训内容二　了解尸体辨认照相 ………………………………… 30
实训内容三　了解现场物证辨认照相 …………………………… 32

实训任务三　掌握物证常规检验照相 ……………………………… 34

实训内容一　掌握近距离照相 ……………………………………… 34

实训内容二　掌握翻拍照相 ………………………………………… 37

实训内容三　掌握脱影照相 ………………………………………… 40

实训内容四　掌握分色照相 ………………………………………… 42

实训内容五　了解偏振光照相 ……………………………………… 45

实训内容六　了解显微照相 ………………………………………… 47

实训任务四　了解物证特种检验照相 …………………………………… 50

实训内容一　了解紫外线照相 ……………………………………… 50

实训内容二　了解红外线照相 ……………………………………… 52

实训内容三　了解激光检验照相 …………………………………… 54

实训项目三　对刑事图像进行处理 ……………………………………… 57

实训任务一　了解 Photoshop 软件基本操作 …………………………… 57

实训任务二　了解 Photoshop 常用处理命令介绍及运用 ……………… 74

实训内容一　了解 Photoshop 软件的调整命令 ………………… 74

实训内容二　了解 Photoshop 图层命令 ………………………… 79

实训内容三　了解 Photoshop 软件的通道命令 ………………… 84

实训任务三　掌握 Photoshop 在刑事图像处理中的综合应用 ………… 87

实训内容一　掌握对照片进行处理 ……………………………… 87

实训内容二　掌握利用 Photoshop 制作标准刑事照相卷 ……… 94

实训任务四　掌握模糊图像处理软件处理照片 ………………………… 97

实训内容　掌握模糊图像处理的基础功能及应用 ……………… 97

实训项目四　制作现场照相卷（照相检验鉴定书） …………………… 117

实训任务一　掌握制作现场照相卷的要求与方法 …………………… 117

实训任务二　掌握制作照相检验鉴定书方法 ………………………… 125

实训项目五　典型刑事案件的现场照相 ……………………………… 128

实训任务一　掌握命案现场的照相 …………………………………… 129

实训任务二　掌握火灾现场的照相 …………………………………… 130

实训任务三　掌握爆炸现场的照相 …………………………………… 131

实训任务四　掌握投毒现场的照相 …………………………………… 133

实 训 项 目 一

准备现场照相

⭐ 实训情境

犯罪现场作为承载特定犯罪事实的空间，保留着犯罪证据，存储着有关犯罪和犯罪人的信息，是刑侦破案过程中证明案件事实、取得犯罪证据的主要来源。而现场照相是用来记录、固定犯罪证据的主要手段。现场照相是以犯罪现场为拍照对象，反映现场所处的地点、位置，现场中客体间的位置关系以及物证自身状况的专门照相。现场照相是刑事照相的一个重要组成部分，也是现场勘查不可缺少的一项记录手段。现场照相的现场主要是指刑事案件的现场，或称为犯罪现场，即案件发生的地点和留有与案件有关的痕迹物品的一切场所。不同的犯罪案件，实施犯罪的过程、活动范围和现场的变化情况不同，在实践中，按案件的性质，将现场分为杀人、盗窃、抢劫、强奸、爆炸、纵火等现场；按犯罪实施程序又分为第一犯罪现场、第二犯罪现场；按自然和人为对现场的变动，分为原始现场、变动现场、伪装现场、假案现场等。在上述的所有案件现场，在没有弄清案件性质之前，都要按照现场勘查的规定、办案要求以及现场照相的步骤和方法，对现场需要拍照的内容认真地进行拍照，为确定案件性质、澄清案件事实提供可靠的客观依据。

实训目的

一、熟悉照相机的基本结构和使用方法

二、掌握现场照相的要求和方法

实训任务一　熟悉照相机的基本结构和使用方法

实训内容一　了解数码照相机结构和性能

一、实训原理分析

数码照相机的工作原理是当按下快门时，镜头将光线汇聚到图像传感器 CCD（电荷耦合器件）上，该图像传感器将光信号转换为模拟电信号，模拟电信号被传送到模/数转换器（A/D 转换器）上转换为数字信号，接下来微处理器（MPU）对数字信息进行压缩并进行色彩校正、白平衡、饱和度、锐度等编码，形成数字相机所支持的图像格式及分辨率。之后，图像文件被存储在内置存储器上。最后，数码照相机拍摄的图像可以直接显示在数码照相机的液晶显示器（LCD）上，也可通过计算机显示器显示或由打印机打印出图片。

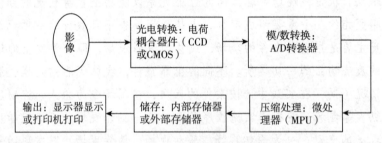

图 1.1.1.1　数码照相工作原理

二、实训内容

1. 了解佳能 70D 数码照相机的基本构成；
2. 了解佳能 70D 数码照相机的测光模式；
3. 了解佳能 70D 数码照相机的曝光模式；
4. 了解佳能 70D 数码照相机的对焦模式。

三、实训器材

佳能 70D 数码照相机。

四、实训步骤与方法

（一）认识佳能 70D 数码照相机机身的基本构成

数码照相机具有光学镜头、取景器、快门、光圈、内置电子闪光灯等结构，还包括特殊的结构，包括图像传感器、模/数转换器、数字信号处理器、主控程序芯片、内置存储器 、液晶显示器、可移动存储器和接口等。佳能 70D 数码照相机机身具体细节及主要参数见下图：

取景器目镜
眼罩
信息按钮
菜单按钮
速控按钮
图像回放按钮
液晶监视器/触控面板
速控转盘
删除按钮

屈光度调节旋钮
实时显示拍摄/短片拍摄按钮
自动对焦启动按钮
自动曝光锁/闪光曝光锁按钮/索引/缩小按钮
自动对焦点选择/放大按钮
数据处理指示灯
方向键
设置按钮
多功能锁开关

图 1.1.1.2　数码照相机正面主要结构图

驱动模式选择按钮
自动对焦模式选择按钮
立体声麦克风
模式转盘
背带环
模式转盘锁释放按钮
电源开关
热靴

自动对焦区域选择模式切换按钮
主拨盘
液晶显示屏照明按钮
测光模式选择按钮
液晶显示屏
ISO感光度设置按钮
焦平面标记
闪光同步触点

图 1.1.1.3　数码照相机顶部主要结构图

图 1.1.1.4　佳能 70D 数码照相机主要参数图

（二）了解佳能 70D 数码照相机的测光模式

实训室里采用的佳能 70D 数码照相机有四种测光模式：

1. 评价测光：即把相机的取景画面等分成多个区域，然后对不同区域的光线强度取平均值的测光方式，这是通用的测光方式。

2. 局部测光：覆盖取景器 7.7% 的区域，测光偏重中央，适合逆光拍摄。

3. 点测光：只取侦测取景画面中 1%—4% 区域内的光线情况，并把它作为决定整张照片曝光的依据。

4. 中央重点平均测光：侧重取景器中央区域测光，搭配该区域以外的另一测光数据，经过 CPU 对数值加权平均后的比例，取得拍摄的建设测光数据。见下图：

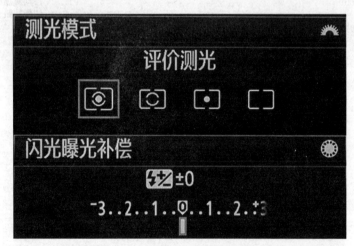

图 1.1.1.5　佳能 70D 数码照相机的测光模式

（三）了解佳能 70D 数码照相机的曝光模式

实训室里采用的佳能 70D 数码照相机有以下几种主要曝光模式：

4

1. 全自动曝光模式（A⁺）。即俗称的"傻瓜"式拍摄，由相机内置的程序选择拍摄时的快门速度、光圈、ISO 等，在这种模式下，只需要注意构图、对角，不需要担心光线、环境等，只需在适当的时候按下快门就可以。通常可以拍摄出画面正常的照片，但并不能保证能够获得理想的画面，适合于初学者或者紧急情况的抢拍。

2. 程序自动曝光模式（P）。相机会根据目前环境和机身内的 ISO、闪光灯设置等来选择光圈和快门。拍摄者可根据需要设定其他设置，如测光模式、感光度、闪光补偿、创意风格、白平衡等，以达到最佳的摄影效果。

3. 光圈优先式自动曝光模式（Av/A）。在此模式下，拍摄者可以预先设定光圈值，照相机根据测光结果确定合适的快门速度予以配合，完成正确的曝光。光圈优先模式的好处是拍摄者通过设定光圈值能控制景深，如大光圈可以获取浅景深以虚化背景，小光圈可以扩大景深范围。

4. 快门优先式自动曝光模式（Tv/S）。采用此模式，拍摄者可以预先设定快门速度，照相机自动选择相应的光圈。快门优先自动曝光模式在理论上非常适合拍摄运动物体，可以选择较高的快门速度来定格某一瞬间动体的影像。要拍摄出动感强烈具有拉丝效果的照片，应选用慢速快门。

5. 手动曝光模式（M）。该操作虽然比各种自动曝光模式显得复杂一些，但它却可以更加自由地实现对光圈、快门的组合，在光线较为复杂的场景下，具有不可替代的作用。因为可任意设定光圈值和快门速度，所以如果需要清晰地拍摄光线较暗的环境，可以选用开大光圈和调慢快门速度的方法。

6. 场景式自动曝光模式（SCN）。在实际操作中，初学者依赖数码照相机的全自动曝光模式（A⁺），如此在特定的拍摄环境中，其相片质量当然难以保障。使用数码照相机内的场景模式，可以更加方便地拍出高质量的照片。目前，数码照相机内的场景模式少则四五种，多则二三十种。以下介绍最常见的模式：

（1）风景模式。拍摄风景名胜时，数码照相机会把光圈调到最小以增加景深，另外对焦也变成无限远，使相片获得最清晰的效果。

（2）人像模式。用来拍摄人物相片，如证件照。数码照相机会把光圈调到最大，获取浅景深的效果。数码照相机会对肤色效果的色调、对比度、柔滑效果等进行处理，甚至是聚焦于离照相机镜头最近的眼睛进行拍摄，以获取生动影像。

（3）微距模式。用来拍摄细微的目标，如花朵、昆虫等，数码照相机会优先对近处的物体进行对焦。

（4）夜景人像模式。在夜景中拍摄人物，数码照相机通常会使用数秒至 1/10 秒左右的快门拍摄远处的风景，并使用闪光灯照亮前景的人物主体。

（5）动态模式。用来拍摄高速移动的物体，数码照相机会把快门速度调到较快（1/500 秒），或提高 ISO 感光值。

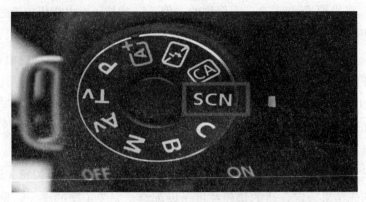

图 1.1.1.6   佳能 70D 数码照相机曝光模式图

（四）了解佳能 70D 数码照相机的对焦模式

1. 根据是否手动对焦，分为自动对焦模式和手动对焦模式。自动对焦模式：要在自动对焦模式下进行操作，需要将对焦模式开关设置为 AF；手动对焦模式：要在手动对焦模式下进行操作，需要将对焦模式开关设置为 MF。如图 1.1.1.7。

2. 根据对焦点的不同，分为单点自动对焦，区域自动对焦和 19 点自动对焦。单点自动对焦，即对准被拍物体的某个点进行对焦；区域自动对焦，对准被拍物体的中间区域进行对焦；19 点自动对焦，即对准物体的中间用 19 个点位置进行对焦。如图 1.1.1.8。

图 1.1.1.7   镜头上对焦模式开关

图 1.1.1.8   肩屏上对焦模式开关

五、实训练习

1. 熟悉数码照相机主要结构；
2. 掌握数码照相机的各种模式及功能。

实训内容二   掌握数码照相机照相的基本操作方法

一、实训原理分析

数码照相机在操作方面比以前的胶片式照相机更加智能化，相机有便捷的开关键、模式转盘、对焦模式、驱动模式，并设置了对各种场景、效果等的自动化拍照功能，同时可以手动调节光圈、快门、感光度、白平衡等功能实现对目标物体的拍摄。但是由于相机是高端精密仪器，所以在操作时仍应注意一些事项，否则容易造成拍摄照片质量低及相机损毁的问题。本书的所有拍照均采用数码照相机设置实训内容，数码照相的规则要求详见《法庭科学全波段 CCD 数码物证照相规范》（GA/T 1196 – 2014）。

二、实训内容

熟练掌握数码照相机的开关机、模式设定、参数设定等使用方法。

三、实训器材

佳能 70D 数码照相机。

四、实训步骤与方法

1. 准备工作。首先，插入存储卡。打开插卡仓盖，按照相机箭头所示方向，将规定型号的存储卡插到底，插卡不能在通电情况下进行。其次，接电源，数码照相机一般可用 AA 形碱性电池 4 节。打开电池室，按照正负极装进去即可。若想用交流电源进行充电，可以将相机蓄电池取出，在充电器上进行充电。充电完毕，重新插入相机机身，可查看电池电量、拍照质量及其他信息。检查各部件是否处于工作状态。

2. 功能设置。使用佳能 70D 数码照相机时，如果使用曝光模式为 P 档或 A$^+$ 档进行拍摄，不需要人为设置，数码照相机就能自动匹配参数进行拍摄。使用曝光模式为 Av、Tv、M 档时，则需要根据拍摄要求进行相应功能设置，如对焦模式、测光模式、感光度、白平衡等。

3. 拍照。数码照相机设置完成后，就可以拍照。对准被拍物体取景后，选取拍摄范围，旋转对焦环控制景物大小，然后按下快门按钮至一半位置，锁定聚焦。当相机绿色指示灯亮时，全部按下快门键，即可将物体影像拍摄下来。重复本步骤，即可拍第二张、第三张……数码照相机的取景、构图方法与普通照相机无异，但应当注意取景器内的取景范围标示，由于数码照相机的 CCD 面积比普通胶片小得多，同样焦距处其视场角会小一些。试拍一幅后，可以启动显示器观察所拍画面的效果。由于显示器的像素较小，显示器上的影像颗粒要大一些，使用者只需要观察画面的构图、色彩、层次等方面内容，如不满意可以将其删除，重新拍摄。

4. 图像的后期处理与制作。利用 Photoshop 图像处理软件或其他刑侦专业图像处理软件可以对影像进行各种特技处理：如加强反差，改变影调、层次，色调分离，影像叠加，影像拼合，变形处理，改变尺寸，增加字幕、注释、测量，制作立体照片等。处理后还可以存储为不同格式，供不同场合使用。

5. 相机、存储器的保护及数据备份。数码照相机是精密电子仪器，要注意防潮防尘，防止温差过大，防止碰撞、挤压。要注意保存好拍摄后得到的影像数据，为保证数据的安全，至少要制作两个及以上的质量可靠的光盘、硬盘或闪存等磁介质进行备份。

五、实训练习

1. 尝试对数码照相机进行开关机、调节模式、设置参数练习；
2. 尝试用多种模式并设定不同参数对某一物证进行拍照练习。

实训内容三　掌握数码照相机拍摄基本技术

一、实训原理分析

数码拍摄，是指使用照相机将景物影像记录在感光器件 CCD 上形成潜影的过程，具体来说是通过正确使用照相机及其辅助器材，利用被拍景物的反射光线通过照相机镜头会聚成像，借助 CCD 的光电转换功能，形成景物的影像潜影。

二、实训内容

熟练掌握数码照相机的取景构图、调焦、布光方法。

三、实训器材

佳能 70D 数码照相机、三脚架。

四、实训步骤与方法

（一）拍摄前准备

首先，检查照相机各个部位的机件，如光圈、快门、取景器、调焦器等部件是否灵敏、准确、完好，闪光灯与照相机是否同步，照相机的电池是否够用，照相机后盖是否漏光，感光度调节盘是否调定好等；其次，备好必要的照相辅助工具，如灯光设备、反光屏、三脚架、滤光镜、电子闪光灯等。

（二）拍摄的操作过程

拍摄的操作过程包括取景构图、调焦、布光、曝光等基本步骤。

1. 取景构图。照相构图是指拍摄者根据被摄对象及拍摄要求，应用各种造型手段，对画面造型进行构思。照相构图应遵循三原则：要有鲜明的主题；需要把注意力引向被摄主体；画面简洁。拍摄者可以通过取景器观察被拍景物的大小是否适宜、拍照的位置和角度是否恰当、构图是否符合要求。拍摄时注意画面影调、线条、色彩、光线、虚实、对比等要素，同时注意画面的主体、陪体、前景、背景等组织结构，拍摄时注意拍摄距离、方向、角度等选择。下面是用黄金分割法进行构图，即将被摄主体或被摄主体的主要点放在下面的四个点之一即可。如图 1.1.3.1、图 1.1.3.2。

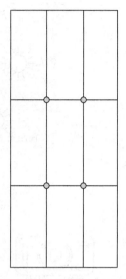

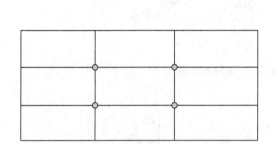

图 1.1.3.1　横版黄金分割法　　　　图 1.1.3.2　纵版黄金分割法

2. 调焦。即通过旋转调焦环改变像距或焦距，使被拍景物清晰地成像在感光平面上。调焦过程中，要注意景深，即被摄景物能在 CCD 上成像清晰的纵深范围。一般情况下如果要对近景进行拍摄，需要获得小景深的图像，可以使用长焦距镜头、大光圈近距离拍摄，使被摄主体前后的景物比较模糊、被摄主体非常清晰，形成虚实对比、突出被摄主体。如果要对远景进行拍摄，需要获得大景深的图像，则使用短焦距镜头或用小光圈，可使前后较大范围内的景物均比较清晰，能全面介绍被摄主体的周围环境，生动地表现出被摄景物的深度和广度。如果要获得固定景深范围，则将照相镜头对某固定点调焦后进行拍摄。只要被拍摄时是被摄主体位于该固定景深范围之内，就可获得比较清晰的影像。

3. 布光。根据被拍对象的反光特点、所处的光照条件以及拍摄要求，适当旋转光源，选择配光的角度、距离和高度，确保曝光所需的照度和构图的完美。在布光过程中，应考虑光的明暗度、方向、色彩等基本特性，也要考虑顺光、前侧光、侧光、侧逆光、逆光、顶光和脚光等造型效果，同时注意主光、辅助光、轮廓光、背景光、装饰光、效果光等用光技巧，从而突出被摄景物的形象、色彩、立体感和质感。下图 1.1.3.3 是常见的五种光位图，图 1.1.3.4—图 1.1.3.9 是各种配光技术。配光方法详见《法庭科学物证照相配光检验方法》（GA/T 1200 – 2014）。

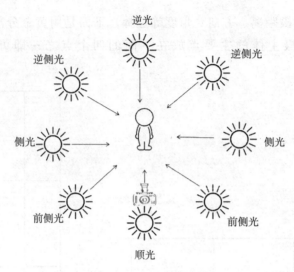

图 1.1.3.3　五种光位图

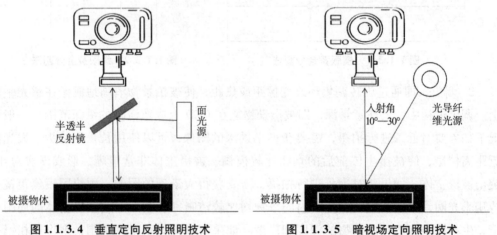

图 1.1.3.4　垂直定向反射照明技术
（光源入射角度为垂直入射）

图 1.1.3.5　暗视场定向照明技术
（光源入射角度为 10°—30° 入射）

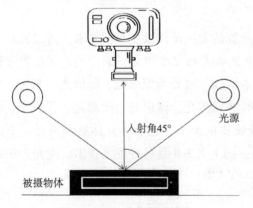

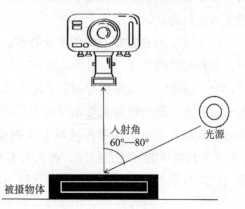

图 1.1.3.6　均匀照明技术
（光源入射角度为 45° 入射）

图 1.1.3.7　侧光照明技术
（光源入射角度为 60°—80° 入射）

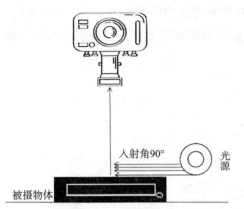

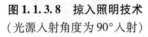

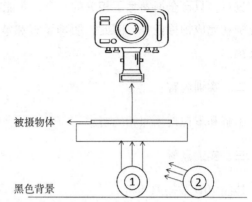

图 1.1.3.8　掠入照明技术　　　　　　图 1.1.3.9　透射照明技术（1 正透射、2 侧透射）
（光源入射角度为 90°入射）　　　　　　（光源入射角度为正透射或侧透射）

4. 曝光。根据感光度、被拍物的亮度以及拍照的要求，确定选用的光圈大小和曝光时间的长短。选择快门速度，当模式转盘拨到"Tv"档时，可以通过拨动转盘或"Q"键对快门速度进行设定，一般手持相机拍摄静态物体，快门速度不能低于 1/60 秒，否则容易使相机晃动造成照片模糊。对光圈的调节，当模式转盘拨到"Av"档时，可以通过拨动转盘或"Q"键对光圈大小进行设定。一般根据物证检验照相的要求，光圈的大小设定在 5.6—11 较好。当设定好参数后，半按快门听到"嘀嘀"声说明对焦准确；再按动照相机的快门按钮听到"咔嚓"声，则按照设定好的光圈、快门、感光度、白平衡等参数完成一次拍摄。但由于被摄景物反射的光线有可能过度、不足或者其他原因，会形成一些曝光不足、曝光过度、曝光不足和过度并存以及正确曝光的图片。因此在曝光过程中，要注意曝光时间的长短、光源的强弱、被摄物体的反射情况、被摄物体所处的环境条件、使用光圈的大小等因素。

五、实训练习

1. 拍摄一个景物的远景、中景、近景；
2. 拍摄顺光、侧光、逆光景物；
3. 在同一 Av 或 Tv 模式下，用几组不同的曝光组合对同一物体进行拍摄。

实训任务二　掌握现场照相的要求和方法

实训内容一　明确现场照相要求

一、实训原理分析

刑事案件的现场照相，需要依据《现场照相、录像要求》（GB/T 29349 – 2012）

规定进行。只有全面熟悉了相关的规定，才能在照相过程中做到心里有数，胸有成竹，才能顺利完成拍摄任务。因此，明确了解和掌握现场照相的要求是顺利完成刑事照相的前提。

二、实训内容

了解和掌握现场照相的要求。

三、实训器材

佳能 70D 数码照相机。

四、实训步骤与方法

《现场照相、录像要求》（GB/T 29349 – 2012）中明确了熟练掌握现场照相的要求：

1. 刑事照相应及时、全面、客观、准确；

2. 现场拍摄所需器材设备应完备有效，能随时投入现场使用；

3. 现场拍摄应遵守勘验规范程序，服从统一指挥，与其他技术勘验工作协调配合进行；

4. 现场拍摄前拍摄人员应根据具体情况，对各画面的构成与衔接组合进行筹划构思。拍摄时应依照一定步骤和顺序，系统、连贯、有条不紊地进行；

5. 现场拍摄人员应对现场所有场景、细目进行全面、细致的拍摄。对一时难以判定是否与案件、事件有关的痕迹、物品也应按要求拍摄；

6. 现场拍摄的画面应主题明确、主体突出。对其他勘验人员要求拍摄的画面，如不明白其拍摄意图和所要表现的主题内容时，应主动问明；

7. 现场照相，尤其对现场概貌、现场重点部位照相，应尽量避免将勘验人员和勘查器材、车辆等摄入画面；

8. 现场照相应清晰、准确地反映出所拍摄的主体内容，合理、准确地选择光源和光照角度。要防止反光和不良阴影破坏画面主体内容；

9. 现场拍摄前应对被拍摄主体进行测光，重要场景、物证应采用系列曝光拍摄，以避免曝光失误；

10. 当相机速度低于 1/30 秒时应固定相机，并使用快门线或使用自拍延时装置释放快门；

11. 拍摄重要物证时应请见证人过目。受条件限制需提取拍摄后的物证、物品时，应先拍摄其所在位置和原始状况，提取时应办理手续。所提取的物品均应妥善包装、保管，避免损坏、丢失；

12. 当现场物证、物品所在环境不利于拍摄其轮廓、形态特征时，可先拍摄其原始状况，经痕迹物证显现处理后可放置在适当的背景、光线条件下拍摄；

13. 现场勘验中，应在现场随时查看数码照片和现场拍摄的效果。

五、实训练习

熟记现场照相要求，并利用数码照相机进行拍摄练习。

实训内容二　了解现场照相的步骤和方法

一、实训原理分析

现场照片的拍摄顺序应与现场勘查的勘查步骤一致。但现场照相的特殊性及现场勘查规则的要求，为现场照相赋予了在现场勘查中"超前"和"断后"的使命。"超前"，即是在勘查某一范围之前，首先用照相的方法固定下原始状况，然后才予以动态勘查。"断后"，即是在勘查过程中发现的与案件有关痕迹、物品，需用照相的方式进行固定后，此范围的勘查才暂告一段落。为了避免痕迹及各种物质被人为损坏，拍摄中应遵循一定的拍摄原则，并按照现场勘查所反映的轻重缓急顺序进行，确保拍摄的顺利完成。

二、实训内容

掌握现场拍照的步骤与方法。

三、实训器材

佳能 70D 数码照相机、三脚架。

四、实训步骤与方法

1. 明确拍摄要点，确定拍摄顺序：先拍概貌，后拍中心、细目；先拍原始状况，后拍移动和显现后情况；先拍易破坏消失的，后拍不易破坏消失的；先拍地表面，后拍其他部分；先拍急需拍摄的内容，后拍可以缓拍的内容；先拍容易拍摄的内容，后拍较难拍摄的内容；现场方位的拍摄可根据情况灵活安排。

（1）先拍原始的，后拍移动的。在现场照相的四个内容中，现场方位、现场概貌、现场重点三个照相都分别不同程度地表现现场的联系状况，对这种联系的拍摄反映应是原始的，不能变动现场内的任何物品。只有现场细目照相不强调这种联系，它可以在前面三个内容表现了其原始遗留位置的基础上进行移动后的拍摄。由于现场方位的拍摄范围较大，现场的勘查移动状况一般不对此产生明显的影响，因此可以根据现场的具体情况，将现场方位放到现场勘查结束后再拍摄。

（2）先拍地上的，后拍高处的。地面上遗留的痕迹、各种散落的物品、物质等，容易遭到现场勘查人员的踩踏而破坏，或者因蹬、踢动作而发生移位现象，故需要先行拍摄。如果先行拍摄地面上的物证、痕迹较为困难，可以先行将其保护起来，待拍完其他对象后，再行拍摄。

（3）先拍容易的，后拍困难的。对于现场所遗留的特征较清晰的痕迹、物证，在较短的时间内可完成拍摄的应先行拍摄，对于反差较弱，甚至肉眼难以观察的微弱痕迹、物证，需花较长时间配光、调整及曝光的，应放在现场勘查之后，用比较充裕的时间仔细地拍摄。

（4）先拍容易被破坏或易消失的，后拍不易被破坏或不易消失的。对易挥发的痕迹，如水渍胶印、雪地上遗留的立体足迹等，因其在短时间内易消失，因此必须及时地先行拍摄固定。

2. 依据拍摄物品性状，选择拍照方法。常见的拍照方法有单向拍照法、相向拍照法、多向拍照法、回转连续拍照法、直线连续拍照法。具体可参见《现场照相方法规则》（GA/T 582 – 2005）。

（1）单向拍照法。镜头从一个方向对着场景或物体的正面或其主要特征的侧面拍摄。拍摄点的选择应与拍摄对象的特点、拍摄目的和反映的内容与范围相适应。调焦时，除使主体成像清晰外，在不同距离上的景物也要成像清晰，即整个画面中的景物都应是清晰的。应用范围：现场方位照相、现场概貌照相、现场重点部位照相和现场细目照相。如图1.2.2.1。

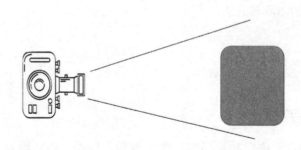

图1.2.2.1　单向拍照法

（2）相向拍照法。以相对的两个方向，相等的距离对被拍物进行拍照的方法。这种方法能反映被拍主体的两个不同面以及与不同背景的关系，弥补拍照单方面观察的不足。应用范围：现场方位照、现场概貌照和现场重点部位照相。如图1.2.2.2。

（3）多向拍照法。从几个不同的方向，以相等的距离对被拍物进行拍照的方法。常用来对比较复杂的地理条件或较复杂的现场环境进行拍摄。应用范围：现场方位照、现场概貌照和现场重点部位照相。如图1.2.2.3。

（4）回转连续拍照法。将相机固定在一个选定的位置上，转动相机以改变它的取景方向或俯仰角度，将景物分段拍摄，再将照片制成一张完整画面的照相方法。主要

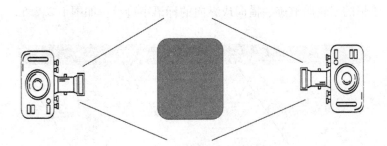

图 1.2.2.2　双向拍照法

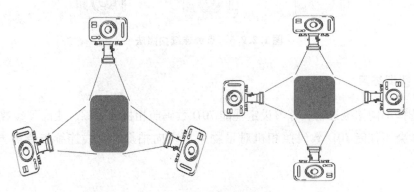

图 1.2.2.3　多向拍照法

用于场面较大、拍摄时无退路且照相机镜头涵盖力不足，或为了防止物体出现因广角镜头而造成影像比例失调的明显变形现象而使用的拍照法。应用范围：现场方位照相和现场概貌照相。如图 1.2.2.4。

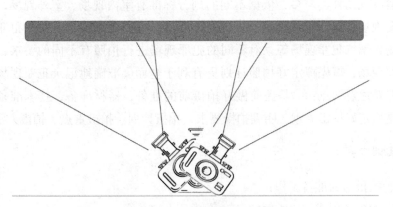

图 1.2.2.4　回转连续拍照法

（5）直线连续拍照法。即相机焦平面和被拍物平面平行、等距，沿着被拍物直线移动并将其分段连续拍照成若干画面的拍照方法。应用范围：现场方位照相、现场概貌照相、现场重点部位照相和现场细目照相。可用于拍摄狭窄的现场地段、成趟的足迹或血迹、成趟的车轮胎痕迹、横向或纵向的标语字迹等。如图 1.2.2.5。

图 1.2.2.5 直线连续拍照法

五、实训练习

1. 选择不同拍摄景物、练习设定佳能 70D 数码照相机的光圈、快门等参数；

2. 学会用佳能 70D 数码照相机对景物采用多向拍摄、直线连续拍摄等方法进行拍摄。

实训内容三 拟定现场照相的方案

一、实训原理分析

刑事案件现场种类较多，依据不同的划分标准有室内现场、室外现场；故意杀人现场、火灾现场、爆炸案件现场、投毒案件现场；主要犯罪现场、关联犯罪现场；第一犯罪现场、第二犯罪现场等。对不同的犯罪现场进行拍照有不同的要求，尤其是重大犯罪案件现场，事先拟定好拍照计划更有利于全面、准确地记录犯罪现场。现场照相方案里需要注意两点：一是提前做好拍摄前的准备，器材准备、技术准备、人员准备等；二是拟定好拍摄大纲，明确拍摄要求、拍摄计划、拍摄重点、拍摄方法等。

二、实训内容

1. 熟悉拍摄前的准备工作；

2. 拟定拍摄计划或拍摄方案。

三、实训器材

佳能 70D 数码照相机及其他照相附件。

四、实训步骤与方法

（一）做好拍摄前的准备

1. 物质准备：照相机，灯具及其他附件等。以上器材需保证其完好的性能，平时将其充好电、做好保养，存放于相机包内，待进入现场时即可使用。

2. 技术准备：首先，了解案情。拍摄人员到达现场后，应及时向现场发现或现场保护人员了解案件发生、发现的时间、地点和经过，现场原始状况、变动情况及保护措施，财产的损失情况、人员的伤亡情况，现场抢救伤者给现场原貌造成的影响等情况。其次，熟悉现场。观察和熟悉的内容包括现场周围的环境、现场所涉及的范围、现场有无抛洒物及抛洒物所涉及的地段等。对于刑事案件现场，还应注意观察有无存在明显特征的现场出入口，由于作案而造成的现场物证的变动情况等。注意观察和熟悉现场过程中，应按照现场勘查的规定，戴上手套、脚套，不能移动现场内的任何物体，不能在现场上留下任何不必要的痕迹。

（二）制定具体拍摄计划

根据现场所见情况，初步拟定一个大致的拍摄方案。拍摄方案包括以下几项：拍摄内容及内容之间的衔接，为现场照片的编排打下基础；每张拍摄内容的表现形式，即拍摄点的选择及用光的方法等；拍摄的顺序及进度等。二人以上共同承担复杂现场的拍摄时，应共同研究制定拍摄方案，统筹安排拍摄内容的先后顺序，并明确分工，确定具体任务和责任范围。随着现场勘查的深入进行，可能发现一些新物证，拍摄人员应根据现场勘查的具体情况不断进行修正，以保证拍摄的照片更加符合客观实际，更加系统完善。

五、实训练习

1. 模拟一个命案现场，拟定现场照相拍摄方案；
2. 模拟一个盗窃犯罪现场，拟定现场照相拍摄方案。

实 训 项 目 二

实施现场照相

 实训情境

现场照相的主要内容有现场方位照相、现场概貌照相、现场重点照相和现场细目照相四个方面。有时对正在勘查中的现场上发生的犯罪分子继续犯罪、毁证、自杀等行为，抓获、击毙犯罪分子，发现获取重大证据及重要情节、过程以及爆炸、起火等突发性情况和意外情况也要拍照。每个犯罪现场，都是在一定的时间和地点发生的。现场所在环境不同，拍照的内容则不同。

辨认照相是以辨认为目的、对犯罪嫌疑人尸体及与案件有关的痕迹物品进行拍照的专门照相方法，辨认照相主要记录人的体貌特征、特殊标记以及发生案件的现场遗留的具有辨认价值的物品，从而达到个人识别认定的目的。

物证常规检验照相，即利用近距离、翻拍、脱影、分色等拍摄方法对物证进行拍照固定。由于现场物证多种多样，对现场物证进行拍照，需要根据现场各种承痕体的材质、色泽、加工条件及遗留在这些客体上痕迹的性质和条件，同时根据光线对各种物质、色泽具有不同的吸收、通过、反射和透射的能力，可以用常规照相的方法拍摄出痕迹和承痕体二者的反差，从而将痕迹特征清晰固定。

物证特种检验照相是指在非可见光范围内和利用特种仪器（如激光器等）进行的物证检验照相，由于特殊光线下所得影像的影调与用可见光照相所得的影像的影调是完全不同的，因此可以用特殊照相的方法来达到特殊的效果。在物证检验中，特种照相可以显现肉眼无法看清的痕迹、字迹等，如烧焦文书上的字迹、暗色衣服上弹孔周围的射击附带痕迹等，还可以鉴别某些颜色相同而成分不同的物质，如用色泽相同成分不同的墨水书写的字迹等。

实训目的

1. 掌握现场照相的方法及注意事项；
2. 掌握辨认照相的方法及注意事项；
3. 掌握物证常规检验照相的方法及注意事项；
4. 了解物证特种检验照相的方法及注意事项。

实训任务一　掌握现场照相

实训内容一　掌握现场方位照相

一、实训原理分析

现场方位照相是以整个现场和现场周围环境为拍照对象，反映犯罪现场所处的位置及其与周围事物关系的专门照相。由于每个犯罪现场，都是在一定时间和地点发生的，因此现场所处的环境不同，拍照的内容就不同。凡是与犯罪事件有关的现场周围景物、道路、环境、气候、气氛以及地点、单位名称，用于确定现场方向、位置的标志物等，都应列为现场方位照相的范围或对象。

二、实训内容

1. 熟练掌握利用佳能 70D 数码照相机对犯罪现场进行现场方位拍照；
2. 了解无人机对犯罪现场进行现场方位拍照。

三、实训器材

佳能 70D 数码照相机、大疆御 Mavic 2 无人机。

四、实训步骤与方法

（一）利用佳能 70D 数码照相机对犯罪现场进行现场方位照相

1. 明确构图要求，选择合适的拍摄点。首先，现场方位照相的范围较大，拍摄点需要选择较高较远的地方。其次，为了准确快速定位，在构图时需选择一个带有永久性或半永久性的标志物用以反映现场的环境及相对位置关系。最后，拍摄的主体是位于远处的现场，陪衬体是现场周围的环境物，宜将主体安排在画面视觉中心，以陪衬体进行反映。

2. 合理用光，拍摄准确用光的照片。首先，拍摄现场方位照片一般选用自然光，以保证光照的均匀性。其次，选择光照方向时，多使用前侧光、顺光或侧光。最后，如果需要在夜间拍照，可将相机固定后打开快门，用闪光灯进行曝光或使用闪光灯同步配光。如果可以，现场方位照可以选择白天补拍。

3. 巧用拍摄方法，拍摄较好画质的照片。首先，尽量选择用单幅画面反映现场方位状况。其次，如果受拍照距离和镜头视场限制，可采用回转连续拍照法或直线连续拍照法拍照。拍连接片时，画面衔接处应避开现场重点部位，衔接处重叠部位应占整个画面的 1/4—1/5 左右，各画面的调焦距离应相等，用光、曝光应一致，各画面的拍照间隔时间不宜过长。最后，如果受现场条件和相机限制，在拍摄大画面的照片时，也可以选择用手机的全景功能进行一次拍摄成像，即选择全景功能，按下快门键并沿箭头方向缓慢移动，注意将镜头保持在中心线上，以便使获得的图像在一条水平线上。

（二）利用大疆御 Mavic 2 无人机

近年来，随着科技的发展进步，具备新技术的无人机产品在市面上大量出现。无人机搭载高清摄像机，在无线遥控的情况下，根据现场拍摄的需求，在遥控操纵下从空中对现场进行拍摄，很好地弥补了受现场位置和拍摄角度的影响不能拍摄到反映现场状况、位置照片的遗憾。利用无人机的高空航拍功能，可对常见的现场及湖泊、山林、火灾、爆炸等特殊现场进行现场方位照的拍摄。利用实训室内的大疆御 Mavic 2 无人机可按如下步骤完成现场方位照拍摄。

1. 安装无人机电池、螺旋桨等，检查各项连接是否正常，电池电量是否充足。

2. 连接手机与遥控器。起飞前，检查无线网络设置，确保信号优良，设置遥控器参数，如限高、限远数据，相机参数等。

3. 启动无人机。打开无人机电源开关，遥控器遥控杆内"八"字，待无人机飞到 1 米—2 米处悬停，待检查无人机各项性能正常后再推动上升拨杆，让无人机飞到 25 米—50 米左右（根据现场大小决定飞行高度），即可完成对现场方位的定位。

4. 调节云台方向和角度。利用遥控拨杆前后左右移动无人机，调节云台角度控制按钮，让现场处于取景框中央，注意让特殊的一些标志建筑或标记进入画面。将手机屏幕上的拍摄模式选择为拍照模式，适当微调手机照相参数，点击手机屏幕中间小圆点拍摄按钮进行拍摄。

5. 拍摄完毕后，根据无人机位置，利用遥控器拨杆将无人机安全降落即可完成拍摄。

图 2.1.1.1　佳能 70D 数码照相机
拍摄的现场方位图

图 2.1.1.2　大疆御 Mavic 2 无人机拍摄的
现场方位图

五、实训练习

1. 利用数码照相机对学院操场进行现场方位拍摄；

2. 利用智能手机全景模式对大范围景物进行拍摄。

实训内容二　掌握现场概貌照相

一、实训原理分析

现场概貌照相是以整个现场或现场中心为拍照内容，反映现场的全貌及现场内各物体间的相互关系的专门照相。拍摄点无论选在什么位置和角度，必须以能将整个现场的范围，现场内的所有与犯罪有关的痕迹物证等客观、真实、全面地拍下来为准。在进行取景构图时，应将现场中心或重点部位置于画面的显要位置。当拍摄的主体是发案的中心部位时，陪衬物体是与中心部位有关联的各种痕迹、物体；当拍摄全景时，要求完整地反映出现场内部各物体的位置及相互之间的关系，应选择稍高、稍远的位置进行拍摄。现场概貌照相重点强调一个"全"字，所以当案情不明之前，照相人员不能先入为主，对可拍可不拍的客体，一定要先拍下来，即遵循"宁多勿少"的原则。

二、实训内容

利用佳能 70D 数码照相机对犯罪现场进行现场概貌拍照。

三、实训器材

佳能 70D 数码照相机。

四、实训步骤与方法

1. 明确构图要求，选择合适拍摄点。现场概貌照相应反映现场的整体状况及其特点，因此在取景构图时，应把现场中心或重点部位置于画面的显要位置。为了避免重要场景、物证相互遮挡和重叠，应提高拍照角度。

2. 合理用光，确保画质清晰。现场概貌照相分为室内现场概貌照相和室外现场概貌照相。如果室内现场概貌照相光照不均匀或亮度不足，应使用闪光灯或灯光照明，需要闪光灯或其他灯光照明时应尽量用反射光照明，直射光照明时需注意配光角度。室外现场概貌照相，选用自然光，当必须在逆光条件下拍照时应加遮光罩，并尽可能给主要部分补光。

3. 选用合适方法，获取现场概貌。现场概貌照相一般采用相向拍照法或多向拍照法进行拍照，也可以选用连接片进行拍照。当应用相向拍照法、多向拍照法拍照时，拍照距离、镜头仰俯角度、用光要保持一致。

实例：某监狱指挥中心接到报告称，某监舍发生一起命案，监狱方面迅速反应，立即成立侦查小组展开调查取证工作，该小组立即奔赴现场展开现场勘查。现场勘查进行前，须由刑事照相人员对现场的方位和现场的概貌照相进行拍照固定，之后才能进入现场对现场物证开展搜寻固定工作。进行现场概貌照相构图时，照相人员选择合适位置，以便在相机取景器里能观察到现场全貌，同时能通过照片反映出现场的重点部位，重点部位与现场其他物品的位置关系等。

图 2.1.2.1　现场概貌照相

五、实训练习

1. 利用数码照相机对教室进行现场概貌照相；
2. 利用数码照相机对学校操场一角进行现场概貌照相。

实训内容三　掌握现场重点照相

一、实训原理分析

现场重点照相是记录现场上的重要部位或地段的状况、特点以及与犯罪有关的痕迹、物品所在部位的专门照相。现场重点部位可能是一处，可能是多处，由于案件性质不同，发案地点环境不同，实施作案的手段不同，重点部位也有所不同。现场重点部位照相的拍照对象是犯罪侵害的对象和与犯罪有关的痕迹、物品及其所在位置。例如命案犯罪现场，现场重点部位就是尸体姿势及所在位置、搏斗痕迹的分布情况、血迹的喷溅情况、作案工具的遗留位置、作案人进出现场的痕迹分布等；盗窃案则是被盗点及与此点有关的痕迹分布情况、现场遗留物的分布情况、现场的可疑入口等；爆炸案的起爆点、炸药包装碎片、被炸点的抛撒物分布的位置及范围等；交通事故现场的肇事车辆、伤亡人员的衣着及其他有关物体的事故接触部位、痕迹位置、有关的散落物质等。

二、实训内容

利用佳能 70D 数码照相机对犯罪现场进行现场重点拍照。

三、实训器材

佳能 70D 数码照相机。

四、实训步骤与方法

1. 理清现场重点部位，合理进行构图。拍摄的主体是发案地点的中心部位以及能反映作案人手段、手法的关联部位；拍摄景别为中、近景，要求反映出与案件有关的痕迹与物体间、相近物体间及相近痕迹间的局部联系。拍摄时不能移动现场内的任何物体。

2. 合理用光，保证画面质量。现场重点照相的光照应均匀、柔和；光照方向多为前侧光或顺光。

3. 选用合适的方法，进行拍照。现场重点部位照相应使用标准镜头，采用单向拍照法和相向拍照法进行拍照。

实例：某监狱指挥中心接到报告称，某监舍发生一起命案，监狱方面迅速反应，立即成立侦查小组，由现场勘查小组立即奔赴现场开展现场勘查工作。现场勘查过程中刑事照相人员需要对现场重点部位进行拍照固定。命案现场的重点部位是尸体的状态、位置及搏斗的痕迹分布情况，对于现场的尸体拍照，可以采用十字交叉法进行拍照固定，严禁从尸体头部或脚部方向进行拍照，而应选择与其头部或脚部一定的角度进行拍照，从而从不同角度反映尸体案发时的状态。

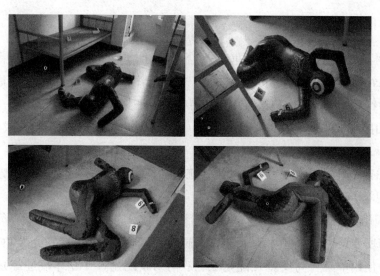

图 2.1.3.1　现场重点照相（十字交叉法）

五、实训练习

1. 利用数码照相机对教室内讲台进行现场重点照相；
2. 利用数码照相机对室外足球场球门位置进行现场重点照相。

实训内容四　掌握现场细目照相

一、实训原理分析

现场细目照相是记录在现场发现的与案件、事件有关的细小局部状况和各种痕迹、物品，以反映其形状、大小、特征等为目的的专门照相。在进行现场勘查时，对于提取的痕迹、物品，需填写《现场勘验检查提取痕迹、物品登记表》，同时须对提取的痕迹、物品进行细目照相，其照相的内容应与上述登记表上的物证逐一对应，同时注明拍照人、拍照方法等，并邀请见证人过目后签字。

二、实训内容

利用佳能 70D 数码照相机对犯罪现场痕迹、物品进行细目拍照。

三、实训器材

佳能 70D 数码照相机。

四、实训步骤与方法

1. 根据不同物证特点和所处环境进行合理构图。取景时，被摄主体应占画面的2/3以上，如果物体太小可以用近摄装置拍摄。拍摄主体是各种单个的痕迹、物品等物证；拍摄景别为特写，应反映出痕迹等物证的特征并保证其不变形。

（1）拍摄用于检验鉴定的细目照片时，应做到物面与焦平面平行，或光轴与物面垂直。

（2）拍摄痕迹、损伤时，要反映出痕迹、损伤的形态、特征与所在位置。

（3）现场上同类型痕迹、物证较多时，应编号，并将编号摄入画面。

2. 合理用光，保证画面质量。现场细目照相时，应根据被摄物体的形体、表面形态、颜色和所要反映的主题内容等，合理选择光源种类、光强度和光照角度。根据不同的对象，使用单向（高反差）配光法、双向明暗配光法（立体痕迹等）、均匀式配光法（有色痕迹或物品）。光照方向多为侧光、前侧光、顺光。

3. 放置比例尺，测量拍摄。凡是反映痕迹、物证形态与特征的照片，必须进行测量照相。详细要求见《比例照相规则》（GB/T 23865 – 2009）。拍摄时应遵循：

（1）比例尺一般应放置在画面后特征下方或居中部位；

（2）比例尺应与被拍物的主要特征在同一平面上；

（3）比例尺应与相机焦平面平行，比例尺上不应有反光；

（4）要根据被拍物体颜色选择适当的比例尺。深色物体选用黑底白刻度的比例尺，浅色物体选用白底黑刻度的比例尺；

（5）应根据被拍物体长度来选择比例尺长度；

表 2.1.4.1　比例尺长度选择表

单位：mm

被拍物体长度	比例尺长度
≤50	≥30
50—150	≥50
150—500	≥100
≥500	≥物体长度50%

（6）需要拍摄具有检验鉴定价值的重要痕迹时，应加放直角比例尺。

实例： 某监狱指挥中心接到报告称，某监舍发生一起命案，监狱方面迅速反应，立即成立侦查小组，展开调查，又成立现场勘查小组对现场进行勘查。命案现场的物证较多，例如作案工具、遗留现场的汗潜指印脚印或血指纹血脚印、书信、票证、银行卡、血液等，现场勘查过程中需要对现场细目部位进行拍照固定。第一，痕迹物证较多时，拍照前先对物证进行编号，拍照时将编号一同拍入画面内，同时对每个物证进行拍照时都需要放置合适的比例尺。第二，先拍照记录物证的原始状态，然后再拍照记录物证翻动后的状态。第三，拍摄血滴时，需要拍摄单独血滴的形态，还需要拍摄多处血滴形成的整体形态。

图 2.1.4.1　现场物证照相

五、实训练习

1. 利用佳能 70D 数码照相机对模拟监狱内命案现场的指纹、足迹等痕迹、物证进行拍照；

2. 利用佳能 70D 数码照相机对模拟监狱内命案现场的头发、血液等生物类物证进行拍照。

实训任务二　掌握辨认照相

实训内容一　掌握犯罪嫌疑人或罪犯辨认照相

一、实训原理分析

犯罪嫌疑人或罪犯辨认照相是对在押犯罪嫌疑人或罪犯的面貌、体态进行拍摄，以通缉、存档和辨认人身为目的的一种照相方法。这种照相形式产生于1841年，法国警察部门首次用银板照相法给两名罪犯照了相。1856年，一名瑞士法官下令对一个不知姓名的盗贼进行拍摄，并把照片送交附近所有的警察局辨认，后来该盗贼在巴登大公国被识别出来。1859年，美国也用犯罪嫌疑人的照片破获了一起案件。我国早在古代就有"画影图形"缉捕逃犯的做法。1905年，清朝正式废除画像，改用照片管理囚犯，通缉逃犯。由此可见，犯罪嫌疑人或罪犯辨认照相的目的是为侦查破案、技术鉴定和诉讼判决提供合格的照片，用以识别和认定犯罪嫌疑人和进行罪犯登记的，这就要求辨认照相要能清晰逼真地反映犯罪嫌疑人或罪犯的面貌特征，不允许做随意修饰。

二、实训内容

1. 利用佳能70D数码照相机对模拟犯罪嫌疑人进行正面辨认照相；
2. 利用佳能70D数码照相机对模拟犯罪嫌疑人进行左侧面辨认照相；
3. 利用佳能70D数码照相机对人像照片进行辨认照相。

三、实训器材

数码照相机、18mm—200mm变焦镜头、闪光灯、三脚架、背幕（可制作一张60cm×109cm中灰色无反光的平整背景板）、胸牌（可制作20cm×30cm的黑色无反光纸片，上下两个横边标明1cm宽度的黑白比例尺）、头托。

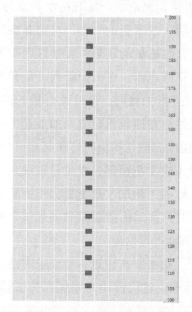

图2.2.1.1　中灰色背景板

图2.2.1.2　20cm×30cm胸牌（1cm比例尺）

四、实训步骤与方法

（一）拍摄正面免冠半身像

1. 调整状态。拍摄时让被拍摄人以立姿站立在背幕前，双胛骨紧靠背幕，将胸牌悬挂在被拍摄人前胸适当位置，并用白色笔在胸牌上注明被摄人的姓名和编号等。调整被拍摄人的仪态。被拍摄人的姿势要端正，头部不能上仰或下俯，不能戴墨镜，面部表情应取正常放松姿态。被拍摄人的两耳应外露一致，两眼平视镜头，两肩平衡，两手自然下垂。被拍摄人的前额中心、下颌中心、胸牌中心及背景中线应呈一条垂直线。

2. 调整并固定相机。将镜头安装在相机机身上，将相机固定在三脚架上，采用竖画幅，设置相机纵横比为3：2。使镜头方向正对背幕，让像平面与背幕平面保持平行。根据取景范围来确定相机与背幕之间的距离，首先将焦距固定在66mm左右，为了拍摄1/24的人像照片，此时数码照相机与被摄人的距离在1.3m左右，能获得最佳的取景范围。

3. 取景构图。取景时，使相机取景框的左右两侧边线分别与背景左右两边边线对齐，取景框上边缘处于被拍者头顶上方5cm—10cm范围内，下边缘处在被拍者胸牌下边缘以下5cm—10cm范围内。还要把脸型、颅骨正面形状、发际、前额、眉弓、眼、鼻、嘴、胡须、疣、瘤痣、雀斑、伤疤、麻子、颈、肩、胸、右耳等特征，准确逼真地反映。

4. 合理布光。布光要做到光照均匀、柔和，相貌轮廓清晰，富有层次和立体感。当需要室内打灯光进行拍摄时，主灯应位于犯罪嫌疑人或罪犯的一侧，与犯罪嫌疑人或罪犯呈30°—60°。辅灯作为主光灯补充，消除主光灯造成的阴影，背景灯用于消除主辅灯在背幕上产生的阴影，并照向背幕身高、体宽标志线，在画面影调上把犯罪嫌疑人或罪犯与背景区分开来。当需要用电子闪光灯进行拍摄时，应注意灯位的选择，包括机位顺光拍摄和侧光拍摄。顺光拍摄是把闪光灯放在照相机位置，加柔光片把直射光改为散射光，可使光线柔和，质感真实，富有层次。侧光拍摄时灯和照相机分离，灯置于犯罪嫌疑人或罪犯头侧上方，斜照犯罪嫌疑人或罪犯面部，视犯罪嫌疑人或罪犯的脸型，可对光照角度作适当调整，必要时可在灯的一侧加一反光板，作为辅光以获得层次，增加反差。当只需要用自然光进行拍摄时，宜采用散射柔和的光线，避免强烈的直射光。可利用阴天或室外阴影处，因地制宜地进行拍摄。

5. 测试曝光，准确拍摄。首先，由于焦距较长，拍摄距离较近，造成景深范围非常有限，只能通过调节光圈大小来影响景深纵深范围。建议使用光圈优先拍摄模式，选用小光圈。其次，将数码照相机取景框里的测光方框对准人物，查看相机屏幕上"曝光补偿/自动包围曝光设置"指针指向0时，代表曝光正常。再半按数码照相机快门键，听见"嘀嘀"声音代表对焦准确。此时，注意调整照相机镜头的中心、照相机的显示屏、被拍摄人的下唇三者成一条水平线。调整合适时，全按下快门键进行拍摄。注意拍照时，提示被摄人不要晃动，以免照片模糊不清，效果如图2.2.1.3。

（二）拍摄左侧面免冠半身像

1. 调整仪态。让被拍摄人站立在背幕前面，调整被拍摄人的仪态。犯罪嫌疑人或罪犯的双肩、躯干的姿势与拍摄正面照片时相同。拍摄时让被拍摄人头颈向右扭转80°。

2. 取景构图。取景时，应充分表现被拍摄人的前额、眼、鼻、嘴轮廓和耳部。照相机镜头的中心轴线对准被拍摄人的左耳部，注意耳部不要被头发遮掩。

3. 合理布光。具体内容同上。

4. 曝光测试，准确拍摄。具体内容同上，效果如图2.2.1.4。

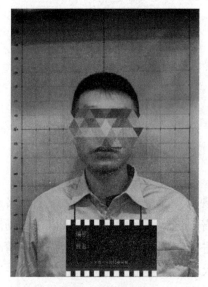 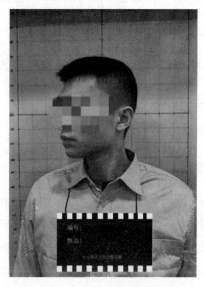

图2.2.1.3　正面照　　　　　　　　图2.2.1.4　左侧面照

（三）人像照片辨认照

类似于翻拍，可以参考公安部发布的通缉犯人像照片。具体方法可见实训项目二·实训任务三·实训内容二"掌握翻拍照相"，效果可见公安部发布的全国通缉在逃人员照片。

五、实训练习

1. 按照犯罪嫌疑人辨认照片的拍照方法模拟拍摄1张正面照片；

2. 按照犯罪嫌疑人辨认照相的拍照方法模拟拍摄1张左侧面照片；

3. 按照实训要求完成实训报告，并将拍摄的正面照片和左侧面照片任选1张，张贴在实训结果栏，并对拍照结果进行分析。

实训内容二　了解尸体辨认照相

一、实训原理分析

尸体辨认照相是对于面貌损伤程度较小的尸体，运用专门的照相方法，对其面貌特征进行拍摄记录，并对照片进行适当的修整，在客观、真实、自然的前提下，最大限度地恢复死者的生前面貌特征，为查找死者身源、迅速破案提供直观的辨认照片。尸体辨认照相的主要拍摄对象是现场发现的面部损失较少或没有损伤，经初步修整便具有直观的辨认条件的尸体面貌。尸体辨认照相，应当按照公安部颁布的公共安全行业标准《尸体辨认照相、录像方法规则》（GA/T 223－1999）进行。

二、实训内容

利用佳能 70D 数码照相机对模拟尸体进行辨认照相。

三、实训器材

佳能 70D 数码照相机、三脚架。

四、实训步骤与方法

1. 选择拍照的时机。尸体辨认照相，是在现场照相、现场勘查之后，对无名尸体所采用的一种特殊的照相方法。对面部损伤不需要进行解剖的尸体，可以在现场勘查拍摄之后进行尸体辨认照相；对面部损伤需要进行解剖的尸体，应根据损伤的情况综合考虑。如果面部损伤的创口很小，如弹丸射入口，应在拍摄完其原始状态后，对创口外缘周围的组织上粘附的，有价值的微量物证进行必要的拍摄和提取后才能进行尸体辨认照相。如果面部损伤的创口较大，组织缺损，验证则应在现场勘查和拍摄之后，先对尸体面部正面、左侧面、右侧面分别拍摄，为恢复死者容貌提供详细的资料和依据，然后解剖，最后再进行尸体辨认照相。

2. 把握拍摄的步骤，先拍摄尸体的原始现场状态。从拍摄对象上讲，主要有尸体原始所在现场中的地点、位置和环境状况；尸体的姿态、衣着情况、尸体现象；尸体面貌和尸体损伤所在的部位；现场上有关的物证等。拍摄时应准确反映伤痕所在部位、伤情和走向，伤痕形态、大小，凶器致伤部位的造型特点，创口内部组织损伤和异物，伤痕的固有颜色特征。从程序上，应先拍摄尸体的原始状态，后拍摄尸体的变动情况；先拍摄尸体与周围环境的联系，后拍摄尸体本身的状况；最后拍摄现场遗留物品及死者随身携带物品。

3. 选用合适的拍摄方法，固定尸体状态。常用的拍摄方法有：单向拍摄法、相向拍摄法、特写拍摄法、多向拍摄法、层层展开拍摄法、反射投影拍摄法。拍摄步骤是先拍正、侧面的尸体面貌照片；其次拍摄尸体面部的损伤；最后拍摄尸体的状态。

4. 拍摄正面半身像。首先，尸体平卧，将头部垫平，杂乱背景、血迹等应遮盖。第二，拍摄人应从头部方向摄取，不要骑身，以便消除紧张心理。第三，拍摄者将两脚自然分开，取景时注意躲开自己的脚，避免将自己的脚一同拍入镜头。第四，照相机应端平，拍摄时镜头的光轴应垂直于口鼻间，尸体面部呈平视状态，两耳外露程度一致。尸体头面竖向正中线与画幅长边平行。尸体头顶部距画幅边缘不应小于5mm。影像大小与取景范围参照犯罪嫌疑人或罪犯辨认照相。对于尸体面貌伤痕，可以采用曝光过度或曝光不足的方法，对于较浅的伤痕采用曝光不足的方法，对于较深的伤痕采用曝光过度的方法。尸体面貌如果呈红紫色，可以加用红色滤光镜，使面部恢复正常颜色，便于辨认。

5. 拍摄侧面半身像。将尸体的背部和头部适当垫高一些，从侧面去拍摄，或者直接将尸体扶成侧位进行垂直拍摄。拍摄时应选用无伤口或变形少的一面，拍摄右面还是左面可以灵活掌握。

6. 拍摄其他特征。其他特征包括尸体的生理、病理特征，死者生前穿着衣物及携带的物品和胃内容物等。对生理、病理、文身等特征，在拍照时要用特写的方式将其特点及在尸体的部位完整地反映出来，为了更有利于辨认，必要时，可以在照片中注明文字说明和标志。拍摄死者随身穿着的衣服，佩戴的饰物，携带的物品及有关证件、信件或者照片等，要着重反映能够提供辨认的特征。拍摄胃内容物，要充分反映胃内没有完全消化并能用于提供辨认的那些残渣，以了解死者生前进食情况。对死者身上、衣服上、携带物品上留有的金属屑、土壤、动物毛及植物种子等微量物证进行拍照，为查明无名尸体提供范围。

实例：

图 2.2.2.1　尸体正面照相/侧面照相

五、实训练习

1. 利用实训室的假人模特进行模拟尸体正面辨认拍照；

2. 利用实训室的假人模特进行模拟尸体侧面辨认照相；

3. 利用实训室的假人模特上伤痕、衣物、遗留物等模拟尸体其他特征的辨认照相。

实训内容三　了解现场物证辨认照相

一、实训原理分析

物证辨认照相是以辨认为目的，为刑事侦查提供方向和线索，运用照相技术记录、固定能证明案件真实情况的一切物品和痕迹的一种专门照相方法。物证辨认照相的主要对象是物证和书证。物证辨认照相对查找无名尸体的身源、无主物品的主人等具有重要的作用。物证辨认照相时应准确反映物证的原始位置、物证的大小，同时准确选择拍照的位置和角度，保证物证不变形。同时，要选择适当的衬底，增大反差。为了保证辨认的准确性，在拍摄物证时，应从不同角度、不同位置拍摄 2—3 张照片，以全面、多侧面地记录物证的基本特征。现场物证的辨认照相，可以按照现场细目照相和物证检验照相的要求规则进行拍照，具体详见《物证检验照相录像规则》（GB/T 29352 – 2012）、《比例照相规则》（GB/T 23865 – 2009）等。

二、实训内容

利用佳能 70D 数码照相机对物质物品类物证进行辨认照相。

三、实训器材

佳能 70D 数码照相机、闪光灯。

四、实训步骤与方法

1. 取景构图。物证辨认照相既要清晰地反映被拍物的细节特征，又要使物证照片的画面美观。所以应注意表现物证形状的立体感，景物的空间位置关系，物证表面的质感。这就需要注意拍摄位置的选择、光线的运用、同时利用线条的透视、影调变化和远近浓淡的对比来表现。

2. 合理配光。在物证辨认照相中，可以利用自然光、人工光和混合光。光源有主光和辅光两种。主光一般位于被拍摄体的前侧，与照相机和被摄体之间的连线呈 45°角并略高于照相机和被拍物体的顶部，辅光一般位于主光的对侧，亮度低于主光。多灯照明时，如果是自然光和人工光合用，则以自然光为主光，人工光为辅光。在彩色照相中，要考虑光源的色温。

3. 正确曝光。物证辨认照相可以采用按重要的阴影（暗部）曝光法、按最重要的部位亮度曝光法、按亮度范围曝光法等进行曝光。当画面中的阴影很重要时，为了防止照片上的影像失去重要的阴影细节，使重要的阴影部分的层次表现适当，宜采用按重要的阴影曝光法；当画面中的某一部分明亮的影调很重要时，为了防止照片上的影像失去重要的明亮细部，使重要的明亮部分的层次表现适当，宜采用按最重要的部位亮度曝光法；当需要最大限度地把被拍对象明暗各部分的影调尽量控制在整个级谱所能容纳的范围之内，在照片上表现出丰富的影调层次时，宜按亮度范围曝光法。

4. 拍照固定。坚持比例拍照的原则，在被拍物证底部横向或侧面竖向放置比例尺。照相机镜头垂直于物证表面，尽量防止和减少变形，在最佳光照强度、光照距离、曝光参数时，半按快门自边对焦后全按快门进行拍照固定。

实例： 现场物证常见的有被盗、被损物证，作案工具、文书票据等，所以对这类物证的拍照是刑事照相经常面临的任务。对此类物证的拍照，可能需要进行一定的前期处理，例如对卷曲文书的展平，对反光物品的布光处理，对水浸物证的分离处理等等，同时需要摆放适当的衬垫物，贴放比例尺等。进行拍照时，注意镜头与物证表面平行，物证中心与镜头中心、成像界面中心在一条直线上，同时需要注意防止抖动，避免物证被拍摄为模糊图像。

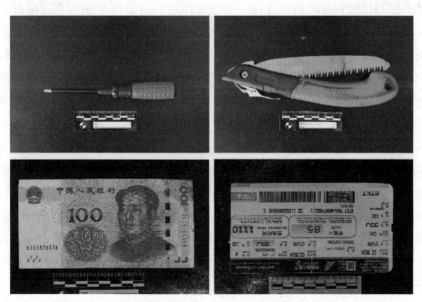

图 2. 2. 3. 1　现场物证照片

五、实训练习

1. 采用数码照相机对衣物、手表、项链等随身携带物品进行物证辨认照相；

2. 采用数码照相机对身份证、驾驶证、社会保障卡等身份证件进行物证辨认照相。

实训任务三　掌握物证常规检验照相

实训内容一　掌握近距离照相

一、实训原理分析

照相机离被摄物体越近，被摄物体在胶片上结成的影像就越大，这对于拍摄细小的物体或物体上的细节是十分有利的。然而，照相机在近拍时存在一个近距限度，如果物距小于这个近距限度，在调焦时，则无法将胶片平面上所结成的景物影像调节清晰。这是因为调焦调节物距和像距，使其满足高斯公式的过程时，物距减小，像距要相应地增大，像距增大，意味着镜头的伸出，但实际相机镜头伸出的长度有一定的限度，因此，照相机镜头在近拍时存在一个近距限度，一般标准镜头在近拍时的近距限度为 0.45 米—1 米。焦距长的镜头，近距限度大；焦距短的镜头，近距限度小。由于标准镜头的近距限度约为 0.45 米—1 米，近距照相通常也指物距约在 0.45 米范围以内的增大影像的照相。普通照相的放大倍率一般小于 0.2，近距照相的放大倍率在 0.2 倍—10 倍的范围内，比普通照相的放大倍率大得多，而放大倍率超过 10 的影像，需要通过显微照相获取。

镜头成像的大小与镜头焦距 f、物距 u 和像距 v 有关，三者之间的关系式为高斯成像公式 $1/u + 1/v = 1/f$。在近距离照相中，如果要想增大影像的放大倍率 M，则可以通过两种途径来实现：一种是增大像距 v（利用近摄装置和伸缩皮腔等增加像距），另一种是缩小镜头的焦距 f（在相机镜头前面加上一个近摄镜）。放大倍率 M > 1 的近距照相，通常称为"直接放大照相"，直接扩大照相时，f < u < 2f，即物距 u 必须在镜头的 1 倍焦距和 2 倍焦距之间；放大倍率 M = 1 时，为原物大照相，即原物大照相时，物距和像距相等，均等于镜头焦距的 2 倍。

具体拍摄要求见《物证检验照相录像规则》（GB/T 29352 - 2012），《比例照相规则》（GB/T 23865 - 2009），《近距离照相方法规则》（GA/T 222 - 1999）。

二、实训内容

利用佳能 70D 数码照相机对细微物证进行近距离照相。

三、实训器材

佳能 70D 佳能数码照相机、微距镜头（佳能 f/2.8L EF100mm）、翻拍架。

四、实训步骤与方法

1. 拍照前的准备工作。明确拍照任务和需要放大的标准，根据《刑事照相制卷质量要求》（GA/T 118 - 2005），对于现场的痕迹物证照片，指纹要求放大 3 倍，掌纹放原大，足迹放大 0.5 倍，弹底痕迹放大 4 倍，弹头痕迹放大 10 倍。其他痕迹物证照片的放大倍率，以清晰反映形象和特征为前提。在具体拍摄时根据物证尺寸及表现范围设定画幅尺寸，一般情况下，指纹可选择 1024 × 768，足迹选择 2000 × 1500，压缩率选择 Fine 或极佳，尽量减少细节的损失。提前安装好翻拍架，调节好光源，选好衬底，衬底的颜色应根据原件的颜色而有所区别，以显示原件的特点。为了准确地反映原件的大小，还得放置比例尺。比例尺的大小要与原件相称，颜色要配置恰当。

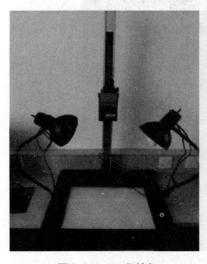

图 2.3.1.1　翻拍架　　　　　　　图 2.3.1.2　带微距镜头相机

2. 组装微距镜头，将相机安装到翻拍架上。将相机机身下方的三脚架安装孔和云台上的螺丝对接牢固，通常安装后相机处于横向水平状态。注意镜头光轴要垂直于载物台平面。近距离照相存在的主要问题是：物距变近了，景深变小，打光难；加了近摄附件之后影像质量变差等。对于同一个被拍物而言，要达到同样的放大倍率，镜头焦距越短，拍摄物距越近，在同样的光圈调节下景深越小，打光也更难；镜头焦距越长，拍摄物距越远，在同样的光圈条件下景深越大，打光也越容易。

3. 放置被摄原件，放比例尺。将被摄原件放在照相机镜头下方区域，根据被摄原件形态特点选用比例尺，如果拍摄横向原件时，比例尺应置于被摄原件下方；如果拍摄纵向原件时，比例尺应置于被摄原件的右侧。如果被摄原件为浅色调，用白色衬底黑色条格比例尺。被摄原件超过10cm时，为保证照片按比例准确还原，要求拍摄时使用的比例尺不短于10cm。

4. 布光。要求光照均匀。将载物台左右两边的灯光各打开一盏，以相同的距离和45°角对称照射被拍原件。灯距远近由被拍原件的面积大小来决定，原件面积大，灯距大；反之亦小。从照相机取景器内观察光照是否均匀。如果光照不均匀，则应重新调整光源的角度和距离，直到均匀为止。

5. 设置相机。将相机开关机拨杆指向"on"，按"menu"键，设置影像长宽比3∶2。然后拨动模式转盘为"Av"档，点击机身上"info"按钮。点击"Q"键，对相关参数进行设置，设置自动亮度优化为标准，曝光补偿为0，对焦方式选择自由移动点对焦，选择平均测光模式，白平衡设置为日光灯型，感光度设置为100，微距镜头光圈F2.8，快门速度由相机内测光系统自动匹配。设置画面如图2.3.1.3。

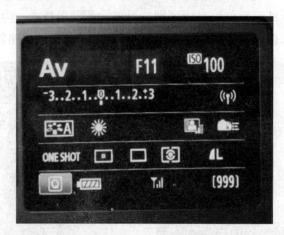

图 2.3.1.3　相机设置界面

6. 取景构图。根据照相机的安装方向和被摄原件的形态、大小及拍照要求调整相机的高度和被摄原件放置的方向和位置，然后根据被摄原件视场范围的大小比例调整平台高度，同时调整原件位置，使被拍客体居中于视场，并尽量占画面的4/5，以充分利用画面的有效面积。调整好之后，将平台固定在该高度。固定相机拍摄可防止抖动模糊。

7. 调焦。半按快门，待图像调焦清晰之后，全按快门进行拍照。也可以按"start/stop"键，将取景器取景变换为屏幕取景，然后点击画面中需要对焦的点，点击后相机会自动拍照。

8. 曝光补偿。现在的单反镜头反光照相机，一般都有内侧光系统或自动曝光装置，它已经把应该增加的曝光时间自动计算在内，因此无需考虑曝光补偿。若使用的照相机没有内侧曝光系统而要取得正确的曝光，就需要进行曝光补偿。同时，如果使用近摄镜、标准微距镜头时，无须进行曝光补偿。使用近摄接圈、镜头倒装、近摄皮腔以及加用皮腔的微距镜头是增加像距的办法，因此需要进行曝光补偿。

实例：实践中有诸多细微物证如指纹、爆炸碎片、工具痕迹、印章印文等，可以采用照相机机身接微距镜头方式实现对细微物证的放大拍照。如果需要得到成倍数影像，可在后期按规格调整后放大或打印。

图 2.3.1.4　指印照片　　　　　　　图 2.3.1.5　印章照片

五、实训练习

1. 用佳能 70D 数码照相机、微距镜头对油墨指印进行直接放大拍照；
2. 用佳能 70D 数码照相机、微距镜头对油墨脚印进行直接放大拍照。

实训内容二　掌握翻拍照相

一、实训原理分析

翻拍，是利用照相技术对图文类证据进行复制的方法。翻拍中有原样翻拍、突出性翻拍（局部突出某一部分）和校正性翻拍（如看不清的和有污染的将其拍清晰）。翻拍的对象为平面材料，大体可以分为三类：一是单色原件，具有一种颜色或线条，没有中间色调的原件，如报纸、文件、黑白线条的图表、捺印手印等；二是有中间色调的原件，这种原件不仅具有同一色泽的线条还具有中间的灰色色调，如风景照片、人像照片等；三是彩色原件，如各种颜色的图案、图表、票证等。拍照要求、规则详见《翻拍照相方法规则》（GA/T 156 – 1996）。

二、实训内容

利用佳能 70D 数码照相机对文书票据进行翻拍。

三、实训器材

佳能 70D 数码照相机、微距镜头、翻拍架、其他器材（如应配备磨砂灯或乳白灯等较柔和的带反射灯罩的散射照明灯、比例尺、快门线、暗袋、背景衬纸等设备）。

四、实训步骤与方法

1. 翻拍前的准备工作。翻拍前要认真做好以下几点：对原件确定翻拍范围，是翻拍原件的全部还是局部，翻拍的重点是什么。了解翻拍原件的大小、形态，以便确定原件的放置方法，是平放还是竖放，是否加衬底。对原件的卷曲、揉皱、折痕部分及撕碎的原件进行拼整，但在整复处理时不能损坏原件的特点。选好翻拍原件的衬底，衬底的颜色应根据原件的颜色而有所区别，以显示原件的特点。衬底的大小要根据翻拍的要求而定。原件全貌的翻拍，要衬以比原件略大一些的衬底，以反映原件的全貌特征；对于双面书写或印刷的原件，可衬以和字迹颜色相似的衬底，以减少背面字迹对正面字迹的影响；对于单面书写的原件，应衬以与底子颜色相同的衬底，以加强字迹的反差。为了消除原件上水纹、格子、图案等颜色的影响，可衬以和要减弱的或消除的颜色相似的衬底，这种衬底还必须和滤光镜相配合，才能得到较好的效果。为了准确地反映原件的大小，还得放置比例尺。比例尺的大小要与原件相称。颜色要配置恰当。

2. 安装照相机。将照相机机身下方的三脚架安装孔和云台上的螺丝对接牢固，通常安装后相机处于横向水平状态。注意镜头光轴要垂直于载物台平面。选择合适的镜头，如果是钱币、纸张等较大物证时，可选用中长焦镜头，如果是指印及更细微物证时，可选用微距镜头。

3. 放置被摄原件，放比例尺。将被摄原件放在照相机镜头下方区域，根据被摄原件形态特点选用比例尺，拍摄横向原件时，比例尺应置于被摄原件下方；拍摄纵向原件时，比例尺应置于被摄原件的右侧。如果被摄原件为浅色调，用白色衬底黑色条格比例尺。被摄原件超过 10cm 时，为保证照片按比例准确还原，要求拍摄时使用的比例尺不短于 10cm。

4. 布光。要求光照均匀。将载物台左右两边的灯光各打开一盏，以相同的距离和 45°角对称照射被拍原件。灯距远近由被拍原件的面积大小来决定，原件面积大，灯距大；反之亦小。从照相机取景器内观察光照是否均匀。如果光照不均匀，则应重新调整光源的角度和距离，直到均匀为止。

5. 设置照相机。设置影像尺寸 8.9M，影像纵横比 3∶2。选择平均测光模式，白平衡设置为日光灯型，感光度设置为 100。选择光圈优先的拍摄模式，设置光圈数值为 11（光圈数值不宜太小），快门速度由相机内测光系统自动匹配。

6. 取景构图。根据照相机的安装方向和被摄原件的形态、大小及拍照要求调整相机的高度和被摄原件放置的方向和位置。首先调节相机焦距为 80mm—200mm 之间。确定焦距之后根据被摄原件视场范围的大小比例调整平台高度，同时调整原件位置，使被拍客体居中于视场，并尽量占画面的 4/5，以充分利用画面的有效面积。调整好之后，将平台固定在该高度。固定相机拍摄可防止抖动模糊。

7. 对焦。在进行翻拍照相时，通常物距较近，景深较短，手动对焦有助于精确对焦。另外，被拍原件是平面类客体，手动对焦可以获得最佳对焦点。

8. 曝光。根据照相机内曝光补偿表来确定是否是要调节曝光，一般情况下，曝光补偿表上指针在 0 时代表曝光正常，否则曝光不足或曝光过度。

实例：实践中刑事照相人员常常需要对合同、钱币、票据等文书物证材料进行拍照。为了准确反映物证的表面形态、内容、曲皱等状态，可以采用翻拍的方式进行拍照固定。翻拍过程中可以对物证进行原样翻拍，也可以利用光线特点进行突出性翻拍，还可以利用翻拍结合分色照相方法进行校正性翻拍，如通过添加滤色镜的方式将看不清的或有污染的物证拍清晰。

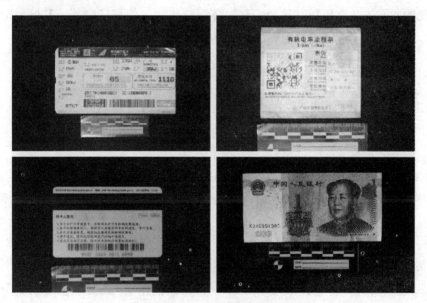

图 2.3.2.1　文书票据翻拍照片

五、实训练习

1. 翻拍一张彩色照片；
2. 翻拍一张 100 元人民币；
3. 翻拍一张被红色墨水污染的文件。

实训内容三　掌握脱影照相

一、实训原理分析

刑事现场物证，如斧头、锤子、刀具、手枪、子弹等，是具有一定的立体空间体积的物体。当对这类物体进行拍照时，在自然光线或灯光的照射下，会在其承受客体或拍摄背景上产生一个或多个投影。即在拍照时，光线照到这些物体，形成被照射的一面特征清晰又没有阴影；光线照不到的一面，不仅特征看不清，轮廓、边缘也不清楚，而且还产生投影。这就直接影响被拍物影像的轮廓边缘和花纹特征的清晰度，并使人眼产生错觉而分辨不清，给辨认和鉴定带来一定困难。所以脱影照相，是为了真实再现立体被拍物的形状、色泽和大小规格的外表特征而消除被拍客体在承受客体或拍摄背景上的投影的照相方法。拍照要求、规则详见《脱影照相方法规则》（GA/T 157-1996）。

常见的脱影方法有脱影灯箱脱影法、环形灯脱影、偏振镜脱影、其他脱影法（悬空脱影、散射光脱影、圆纸筒脱影、透明玻璃脱影架脱影、黑衬底脱影）。

二、实训内容

利用佳能 70D 数码照相机对立体物证进行脱影照相。

三、实训器材

佳能 70D 数码照相机、脱影灯箱、翻拍架、其他附件（如应配备磨砂灯或乳白灯等较柔和的带反射灯罩的散射照明灯、比例尺、快门线、暗袋、背景衬纸等设备）。

四、实训步骤与方法

1. 安装照相机。安装照相机到翻拍架的云台，使镜头垂直于脱影灯箱。

2. 设置照相机。确定影像尺寸 8.9M，影像纵横比 3∶2，测光模式为平均测光。感光度设置 100，白平衡设置为自动白平衡。

3. 放置被摄原件，放比例尺。将被摄原件放在照相机镜头下方区域，根据被摄原件形态特点选用比例尺，如果拍摄横向原件时，比例尺置于被摄原件下方；如果拍摄纵向原件时，比例尺应置于被摄原件的右侧。如果被摄原件为浅色调，用白色衬底黑色条格比例尺。被摄原件超过 10cm 时，为保证照片按比例准确还原，要求拍摄时使用的比例尺不短于 10cm。

4. 构图。将焦距调到 80mm，通过取景器观察视场范围，将立体物证放在视场中心，同时，调节云台高度，尽量使立体物证纵长约占画面横长的 4/5。选用长于 10cm

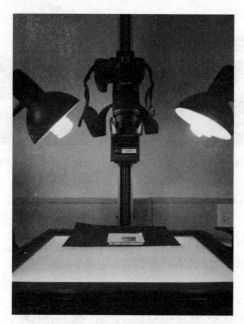

图 2.3.3.1　脱影灯箱套装

黑底白刻度比例尺 1 条，放在下方。要求比例尺与立体物证中轴平行。

5. 布光。打开脱影灯箱四周的照明灯，调整两边的灯光距离，从照相机取景器内观察，看见的反光点越少越好。

6. 打开脱影灯箱的底灯。常用的脱影方法有悬空脱影、散射光脱影、圆纸筒脱影、脱影架脱影、黑衬底脱影等，此处选用的是实验室常用的脱影灯箱脱影，通过灯箱发出的均匀柔和的光线达到脱影的目的。

7. 曝光。以 A 模式测得的曝光参数为基准，切换到 M 模式，设置为该参数。半按快门，进行对焦，当对焦清晰后，即可按动快门拍摄第一张照片。光圈不变，将快门速度放慢一级，再拍第二张照片，采用此种梯级式曝光法，连拍 5 张，有利于拍出曝光度准确的图像。

8. 减淡或消除投影。如果采用散射自然光脱影，则容易有一些浅淡的投影，最好在靠近投影的一定距离处放置反光屏或辅助光，这样可以把散射自然光形成的投影减淡甚至消除。

实例： 刑事照相过程中会面临一些立体物证，如遥控器、作案工具、箱体等，还有一些具有深浅现象的痕迹物证，为了准确表现物证表面形体或反映物证的立体关系，应尽量减少反光、突出表面形体和层次关系，可以考虑脱影照相，通过对物证进行适当布光，减少物证周围不均衡的光线，实现对物证的特征的表达和固定。效果如图 2.3.3.2 和图 2.3.3.3。

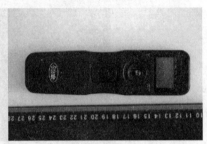

图 2. 3. 3. 2 反光照片   图 2. 3. 3. 3 脱影照相照片

五、实训练习

1. 用脱影灯箱对螺丝刀进行脱影照相；
2. 用散射自然光对钳子进行脱影照相。

实训内容四 掌握分色照相

一、实训原理分析

在犯罪现场经常有很多的痕迹、物证遗留在复杂颜色背景上或被其他物质遮盖，使痕迹、物证的部分或全部特征无法分辨清楚，为了清楚地反映痕迹、物证的特征，就必须设法将两者分开。由于任何一种物体的颜色都取决于投射到该物体表面的光的反射、透射和吸收的能力，在绝大多数情况下，物体所反射的是各种不同波长的光线，但是肉眼所看到的却是各种波长光线反射的混色光。例如，某一物体反射一定比例的黄色光和蓝色光，但在人眼看来并不是两种单色光，而是由红、橙、黄、绿、青、蓝紫七种色光按不同比例合成的，也就是物体对各种色光有选择地进行反射和吸收，给人以颜色反差和亮度反差的感觉。分色照相，就是运用可见光谱中，物体对各种不同颜色光波的反射和吸收不同的特性，通过光源、滤光镜、感光片感色性的有机配合，从而显现出目力不易发现或难以分辨的颜色差别，来揭露微小的不易见、难见的特征。进行分色照相主要有三种方法：应用滤光镜进行分色照相，应用单色仪进行分色照相，应用激光进行分色照相。目前实践中常见的是使用滤光镜进行分色照相。

二、实训内容

利用佳能 70D 数码照相机和滤色片对指印、签名、笔迹、文件进行分色照相。

三、实训器材

佳能 70D 数码照相机、长焦距镜头、三脚架或翻拍架、滤色镜、其他附件（如应配备磨砂灯或乳白灯等较柔和的带反射灯罩的散射照明灯、比例尺、快门线、暗袋、背景衬纸等设备）。

四、实训步骤与方法

1. 安装照相机。安装照相机到三脚架或翻拍架的云台，使镜头垂直于被拍原件。

2. 设置照相机。确定影像尺寸 8.9M，影像纵横比 3：2，测光模式为平均测光。感光度设置 100，白平衡设置为自动白平衡。

3. 放置被摄原件，放比例尺。将被摄原件放在照相机镜头下方区域，根据被摄原件形态特点选用比例尺，拍摄横向原件时，比例尺应置于被摄原件下方；拍摄纵向原件时，比例尺应置于被摄原件的右侧。如果被摄原件为浅色调，用白色衬底黑色条格比例尺。被摄原件超过 10cm 时，为保证照片按比例准确还原，要求拍摄时使用的比例尺不短于 10cm。

4. 构图。将焦距调到 80mm，通过取景器观察视场范围，将原件放在视场中心，同时，调节云台高度，尽量使原件纵长约占画面横长的 4/5。选用长于 10cm 黑底白刻度比例尺 1 条，放在下方。要求比例尺与原件中轴平行。

5. 布光。打开照明灯光源，调整灯光的高度和距离，从照相机取景器内观察，看见的反光点越少越好。

6. 在镜头前或光源前加上合适的滤光镜。滤光镜的主要特征可以概括为"同色通过、异色吸收"，即滤光镜是什么颜色，就能透过什么颜色，而全部吸收或部分吸收该颜色互补色或邻近的其他色光。如红色滤光镜，就能吸收与红色光互补的青色（即绿色光和蓝色光）而透过红光，吸收的绿色光和蓝色光的多少，则由红色滤色镜的深浅决定。也就是说，如果要使被拍物体表面某种颜色消除或减淡，应当选用与该种颜色相同或相近的滤光镜；反之，则使用与该种颜色相异的滤光镜。

表 2.3.4.1 颜色表面复杂的被拍物体所加滤光镜种类

待加强的被拍物体	可选用滤光镜
加强青色物体	红（黄 + 品红）色滤光镜
加强黄色物体	蓝色滤光镜
加强品红色物体	绿色滤光镜
加强红色物体	蓝 + 绿色滤光镜（即使用蓝、绿两片滤光镜）
加强蓝色物体	黄色滤光镜
加强绿色物体	品红（红 + 蓝）色滤光镜

值得注意的是，如果是在光源的前面加滤光镜，则不同光源所加的滤色片应不同。因为不同的光源，含有光谱成分的比例不同。即使同一光源，在不同的条件下，含有光

谱成分的比例也是不同的。例如，日光，在早晨、正午、傍晚光谱成分的比例大不一样。光源的色温是衡量光源辐射光谱成分的物理量，不同的光源，色温不同，使用同一个滤光镜取得的效果也不一样。因此，照明条件也是选择滤光镜应考虑的重要因素。

7. 选择感光片。由于现在大多数情况下都用的是数码照相机在进行分色照相，数码照相机内的 CCD 能感知全部可见光，所以省去了区分选用全色片、分色片和盲色片的选择。

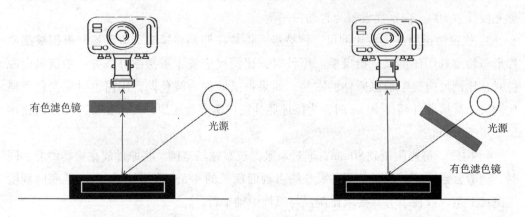

图 2.3.4.1　分色照相装置示意图

8. 曝光。任何滤光镜都吸收一定光谱成分，因此，使用滤光镜后，通过镜头的通光量相对减少，为了实现正确曝光，需要相应地延长曝光时间以增加曝光量。首先，可以考虑不加滤光镜时，以 A 模式测得的曝光参数为基准。然后加上滤光镜，再以 A 模式测第一个曝光参数。一般地，加用滤光镜的曝光时间 = 不加滤光镜的曝光时间 × 滤光镜的因数（一般用阿拉伯数字表示，有的刻在镜框上，如 "2" 或 "×2"，即应当增加的感光倍数）。然后切换到 M 模式，设置光圈大小、快门时间为该参数。半按快门，进行对焦，当对焦清晰后，即可按动快门拍摄照片。

表 2.3.4.2　常用滤光率的曝光系数

滤光镜种类	曝光系数	滤光镜种类	曝光系数
浅蓝滤光镜	6—8	中黄滤光镜	2
深蓝滤光镜	20	深黄滤光镜	3
浅绿滤光镜	2—3	橙色滤光镜	2.5—3.5
深绿滤光镜	5—6	浅红滤光镜	5—6
浅黄滤光镜	1.5	深红滤光镜	6—8

实例： 对污损、涂抹、添加、掩盖、密文等文书，需要采用分色照相的方法，将一些被遮挡掩盖的文字或者肉眼看不见的文字进行处理，以便更好地"显现"出被涂抹、被掩盖的内容。如对人民币的水印进行拍照，如果单纯用白色自然光进行拍照，

则看不见水印，如果采用多波段光源进行拍照，选用蓝绿光进行拍照则水印会凸显，当然为了进一步获得图像对比增强的效果，以便肉眼能更清晰地识别，采用滤色镜进行滤色处理则会获得更好效果照相。

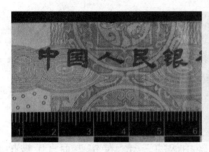

图2.3.4.2　自然光照相　　　　　　　图2.3.4.3　蓝绿光下分色照相

五、实训练习

1. 运用分色照相方法增强红色印章与黑色签字笔字迹交叉部位上的红色油墨；

2. 运用分色照相方法区分被红色颜料、红色墨水污染或红色笔迹涂改的蓝色字迹。

实训内容五　了解偏振光照相

一、实训原理分析

在痕迹、物证照相中，痕迹、物证表现形成的有些光常常可以干扰痕迹、物证细节的显示。这是由于在自然光或偏振光照射下，物质反射光或透射光可能会出现不同的偏振性质。自然光被反射或透射后，可能变成部分偏振光或偏振光。偏振光被反射或透射后可改变为部分偏振光或自然光。由于物体上各种物质有不同的起偏或退偏性质，在自然光或偏振光照明下，各种物质的反射或透射光可能呈现不同的偏振状态，即有不同的偏振方向和偏振度。在照相机镜头前面加上偏振镜，转动偏振镜偏光轴的方向，则各种偏振状态反射或透射光通过偏振镜的亮度随之变化。转动偏振镜的偏光轴方向，可以调整被摄物体上各种物质的相对亮度。因此，偏振照相可以控制物体亮度分布再现。适当选择照明光的偏振性质、照明角度和镜头前偏振镜的偏光轴方向，可以控制被摄物的亮度分布，消除背景干扰，增强目标物与背景反差，达到清晰、完整地再现细节特征的目的。偏振光照相的常用方法：镜头前加偏振镜；光源前加偏振镜用偏振光照射物体，垂直拍摄；照相机镜头和光源前都加偏振镜。偏振光照相的基本方法详见《偏振光照相方法》（GA/T 327－2001）。

二、实训内容

利用佳能 70D 数码照相机和偏振镜对偏光物品进行拍照。

三、实训器材

佳能 70D 数码照相机、光源、两片偏光镜、其他（如应配备磨砂灯或乳白灯等较柔和的带反射灯罩的散射照明灯、比例尺、快门线、暗袋、背景衬纸等）。

四、实训步骤与方法

1. 安装照相机。安装照相机到三脚架或翻拍架的云台，使镜头垂直于被拍原件。

2. 设置照相机。确定影像尺寸 8.9M，影像纵横比 3∶2，测光模式为平均测光。感光度设置 100，白平衡设置为自动白平衡。

3. 放置被摄原件，放比例尺。将被摄原件放在照相机镜头下方区域，根据被摄原件形态特点选用比例尺，如果拍摄横向原件时，比例尺置于被摄原件下方；如果拍摄纵向原件时，比例尺应置于被摄原件的右侧。如果被摄原件为浅色调，用白色衬底黑色条格比例尺。被摄原件超过 10cm 时，为保证照片按比例准确还原，要求拍摄时使用的比例尺不短于 10cm。

4. 构图。将焦距调到 80mm，通过取景器观察视场范围，将原件放在视场中心，同时，调节云台高度，尽量使原件纵长约占画面横长的 4/5。选用长于 10cm 黑底白刻度比例尺 1 条，放在下方。要求比例尺与原件中轴平行。

5. 布光。打开照明灯光源，调整灯光的高度和距离，从照相机取景器内观察，看见的反光点越少越好。

6. 调节。在光源前和镜头前加起偏镜和检偏镜，并适当调节起偏镜。偏振光照相使用的起偏镜和检偏镜都是可以 360°转动的，以便于调节它们的偏光轴方向，得到最佳检验结果。为了避免其他光线的干扰，可选择在暗室进行。

7. 选择感光片。由于现在大多数情况下都用的是数码照相机进行分色照相，数码照相机内的 CCD 能感受全部可见光，所以省去了区分选用全色片、分色片和盲色片的选择。拍摄有色客体，应增添适当的滤色片，增强影像的反差。

8. 系列曝光，获取合适的曝光图片。由于偏振镜是由两层玻璃片粘合偏振膜而成的，只允许平行晶轴的振动方向的光波通过，因此通过偏振镜的光能量最多只有原来的一半。所以，偏振镜的曝光补偿倍数一般为 2 倍—4 倍。如果偏振镜与滤光镜合用，其等效的曝光补偿倍数等于二者曝光补偿倍数的乘积。由于曝光因素的复杂性，为了取得更好的效果，最好进行系列曝光。

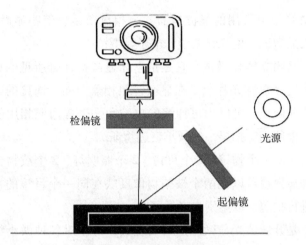

图 2.3.5.1　偏振光照相装置

表 2.3.5.1　两片实用偏振镜不同晶轴夹角下曝光补偿倍数

晶轴夹角	密度	通过率%	阻光倍率	曝光补偿倍数
0°	0.60	25	4	2
30°	0.72	18.8	5.3	2.3
45°	0.90	12.5	8	3
60°	1.20	6.2	16	4
90°	极大	极小	极小	

五、实训练习

1. 运用偏振照相技术对工具表面凹凸不平的铁锈上的血指纹进行拍照；
2. 运用偏振照相技术对有色纺织品上的微弱灰尘手印进行拍照。

实训内容六　了解显微照相

一、实训原理分析

　　在物证检验分析环节，需要将一些细小物证或肉眼难以识别的物证进行放大处理，以便观察和进一步分析。显微照相就是利用显微镜和照相器材，将肉眼难以看到或者根本看不到的微小物证进行高倍放大，并将放大后的影像记录在感光材料上的技术。AB 物体通过物镜成实像 A′B′，此实像对于目镜来说相当于一个物体，目镜将此物体（实像）进一步放大成 A″B″。而由于实像 A′B′位置至眼透镜的距离比目镜焦距短，当物镜短于透镜焦距时，生成位于物体的同一侧的虚像 A″B″，此虚像不能投射出去，但可以使用显微镜直接观察和照明，这为科学技术检验提供影像资料，为鉴定意见提供有力的证据。显微照相中常用的显微镜有：金相显微镜、生物显微镜、比较显微镜、荧光显微镜、体视显微镜、偏光显微镜、电子显微镜等。

体视显微镜，又叫立体显微镜。它是把立体显微镜视野所见的检验物像特征，通过照相系统如实地记录在感光片上。在显微镜照相器上面，连接的是相机暗箱，下面连接的是双目实体显微镜，可以用可伸缩的皮腔和一个普通照相用的或显微照相用的镜头，进行低倍显微照相，拍摄一些微小痕迹物证。

比较显微镜，是由 2 个物镜、1 个目镜、2 个照明灯、2 个载物台和 1 架照相装置等部件组成。这种显微镜可以把两个被拍物像反映在同一个目镜的视野里，既可以比对检验，也可以进行拍照，以鉴别二者异同。

荧光显微镜，是开展荧光显微术的必要工具，可以对各种微小物体的荧光图像进行观察、拍照，是痕迹物证检验鉴定的技术手段之一。

电子显微镜，比光学显微镜具有更高的分辨率，借助电子显微镜不仅可以观察到痕量物质的微观形貌及分子形态，而且可以观察几个埃的单个原子，甚至可以观察原子运动。电子显微镜用于刑事技术，使破案手段扩展到微观领域，可对各种类型的痕迹物证进行微观形貌观察分析及摄影。同时，可以进行痕量分析，如对手印鉴定，对毛发、纤维及各种痕量物证进行分析等。

二、实训内容

利用荧光显微镜对笔画与印油交叉部位进行显微拍照。

三、实训器材

荧光显微镜、数码照相机、与显微镜连接的接口、取景对焦附件等。

四、实训步骤与方法

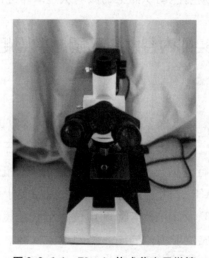

图 2.3.6.1 Phenix 体式荧光显微镜

1. 准备工作。其一，拍照样本要符合显微镜的要求（如切片），圈定拍照部位。其二，明确拍照要求：拍照范围，色调，色差，主要特征的表现形式。其三，根据拍照要求，选择合适的显微镜及物镜和目镜的倍数匹配，合适的感光片和滤波器。其四，安装好显微镜及拍照设备，要求连接牢固，稳定性好；周围环境最好要暗，避免不必要的散射光；检材底片与显微镜光轴是否垂直，注意光源、聚光镜、检材、目镜、物镜、成像中心必须全部在一条光轴直线上，避免照明不均。

2. 照明要求。其一，显微照相的照明要求高于目测的，照明要求均匀明亮，没有杂乱散射光和闪耀光的干扰，影像层次丰富，细微特征反映清晰完整。其二，光源主要有人造光源，如钨丝灯、卤钨灯等。其三，照明配光，首先要把光源的两点调整到视野的中心，然后根据被拍物的特征和摄影要求，调整光照亮度、光强、滤光片等。

3. 取景调焦。其一，取景构图，将拍照的重点部位移到视野中心，之后连接好显微镜及拍照设备；在取景调焦的毛玻璃上或侧视目镜中观察拍照对象的拍照范围、物体影像的大小、清晰程度；取景可采取调换物镜、目镜，伸缩相机皮腔的方法，增大或缩小物体影像，使物体影像和底片相适应。其二，调焦，粗调，先将显微镜镜筒降低，使物镜接近检材表面；然后眼睛在目镜上观看，慢慢转动调焦螺旋微调，使显微镜筒渐渐升高；当看到检材影像时，转动速度变慢，一直到检材影像由清晰到逐渐模糊，然后再向相反方向旋转，回到影像清晰；再转动微调调焦螺旋，调到影像十分清晰的位置。其三，加滤光片，显微分色照相与普通分色照相的目的和方法一样；同时注意，调焦应在加滤光片之前进行，加滤光片后进行第二次调焦。

4. 显微照相的曝光。显微照相往往需要长时间曝光，所以必须使用快门线。显微照相曝光的影响因素较多，所以可以采用系列曝光法进行曝光，或者采用数码单反相机的光圈优先模式，进行全自动曝光。由于科学的进步，大多数三目显微镜配置了摄像头接口，可利用摄像头直接拍照固定。

实例：实践中对印章印泥与手写字迹进行朱墨时序鉴定时，则需要借助荧光显微镜，对不同物证的荧光效果进行判断。如图所示，"先朱后墨"和"先墨后朱"会有不同的荧光效果，从而有利于鉴定人员得出结论。

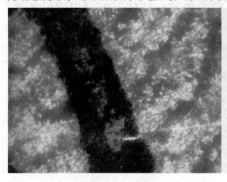 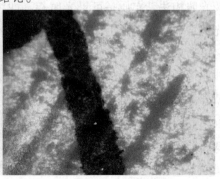

图 2.3.6.2　先朱后墨　　　　　　　　图 2.3.6.3　先墨后朱

五、实训练习

1. 利用体视显微镜对文件上的朱墨时序进行观察分析;

2. 利用比较显微镜对两枚弹头是否出自同一把枪支发射进行检验分析;

3. 利用荧光显微镜对文书形成材料进行观察分析。

实训任务四　了解物证特种检验照相

实训内容一　了解紫外线照相

一、实训原理分析

各种物质反射和吸收光波的特点不尽相同,但是一些痕迹在普通光线照射下,反差很微弱,细节特征难以显示,让人肉眼难以识别,不能进行分析检验。紫外线与可见光一样具有反射、折射、透过并被物质吸收和散射的特性,但其被物质反射、吸收、透过的程度与可见光大不相同。在紫外线照射下,有些物质能大量反射,有些物质可被激发出荧光,使反差增大,从而显示出在可见光下难以发现和辨别的痕迹、文字、物证等物质的形态和异同。

紫外线是人眼看不见的一种光谱辐射,它是波长介于可见光紫光外段与 X 射线之间的一种电磁波,其波长范围为 10nm—400nm。习惯上将紫外线分为三个区域:320nm—390nm 为长波紫外线,200nm—320nm 为短波紫外线,200nm 以下为超短波(真空)紫外线。其中长波紫外在刑事照相应用最广,短波紫外可以用作紫外荧光照相的激发光源。

在痕迹检验中,运用紫外线进行拍照主要有紫外荧光照相法、紫外反射照相法。紫外荧光照相法,实质是可见光照相,即将物质被紫外线激发后发出的可见荧光或红外荧光记录在感光材料上。当痕迹产生荧光或荧光较强,而载体不产生荧光或荧光较弱时,可形成一定亮度差别,反之亦然。这就需要在照相机镜头前安装一个可以阻止紫外线通过的滤光镜,从而让物体的荧光被记录下来。

紫外反射照相,是在紫外光源照射下,用镜头记录被拍客体在紫外光波段反射成像状况的专门照相,有些情况下是痕迹吸收紫外线,而载体反射紫外线,拍出的照片就是浅色底,深色痕迹。有些情况是痕迹反射紫外线,而载体吸收紫外线,拍出的照片就是底色深、纹线浅。通过能透过紫外线的石英镜头、滤光镜、感受紫外线的感光片等记录这种颜色反差。

详细的方法规则见：《光致发亮照相、录像方法规则》（GA/T 593 - 2006），《紫外照相方法规则》（GA/T 584 - 2005），《红外照相、录像方法规则》（GA/T 583 - 2005）。

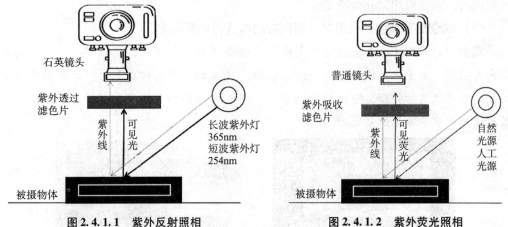

图 2.4.1.1　紫外反射照相　　　　　　　图 2.4.1.2　紫外荧光照相

二、实训内容

利用紫外荧光照相对钱币上的水印进行拍照。

三、实训器材

紫外光源（闪光灯、自然光、紫外灯、紫外分析仪）、滤光镜（紫外吸收滤光镜、紫外透过滤光镜）、镜头（普通镜头主要用于紫外线荧光照相、石英镜头主要用于紫外反射照相）及其他附件（比例尺、快门线、暗袋、背景衬纸等设备）。

四、实训步骤与方法

1. 紫外荧光照相。步骤同分色照相相似，值得注意的是紫外荧光照相需确定的取景范围，根据不同荧光的特性调准焦点，依据激发光波长和被摄物的荧光光谱特性，选择滤光镜在镜头前阻挡紫外线通过允许物体发出的荧光通过，从而荧光被录下来。

2. 紫外反射照相。

（1）安装照相机到翻拍架上，设置照相机，放置被摄原件，放比例尺。

（2）选择激发光源，在可见光下取景调焦。若用长波紫外等照射，可用普通光学镜头，但需要进行二次调焦，校正方法是在可见光下调焦后，缩短像距 1mm 左右；或在可见光下调焦后，适当缩小光圈，以增加景深。若用短波紫外线照相，则需要用石英镜头，在可见光下取景调焦清晰即可。

（3）曝光。关闭室内其他光源，在无杂散光条件下，确定好曝光量进行系列曝光拍照。

（4）在一定调焦条件下，利用紫外线反射照相拍照疑难手印，镜头前可不加紫外滤光镜，这样可以大大缩短曝光时间，而且优于加紫外线滤光镜的拍照效果，但必须是在全黑环境中，光源只可辐射紫外线，镜头为对短波紫外线透过率较高的专业紫外线照相镜头。对于那些单纯要求消除背景图案干扰，而这种图案如果对蓝紫光的反射又很强时，则需要加紫外线滤光镜。

（5）在全黑环境中，利用单反相机对图像进行拍照固定。

实例： 有些物质需要在特定的光线下才能被"显现"出来，例如对人民币上的水印进行拍照，如果仅仅在自然光下进行拍摄，根本看不见水印。此时，如换为含有蓝绿光或紫外线进行拍摄，则水印立刻出现。所以借助紫外线照相的方法，可以更好地呈现诸多肉眼看不见的物证。

图 2.4.1.3　自然光下照相效果　　　　图 2.4.1.4　紫外光下照相效果

五、实训练习

1. 对玻璃、陶瓷等高光亮的光滑客体表面的指纹进行紫外反射照相；
2. 对某些塑料、不光滑油漆、光面纸上的无色汗液指纹进行紫外反射照相。

实训内容二　了解红外线照相

一、实训原理分析

由于实践中，有些物质具有不易被肉眼看见或普通照相显示不出来细节，但是在红外线照射下，能对可见光、紫外线吸收、反射，从而显示出物证的形态、细节的特点。红外线与可见光有同样的光学性质，唯一的差别就是红外线波长较长，介质对红外线的折射率较小。根据物质对光线的吸收能力随波长的增加而减少的原理，物质对红外线的吸收要弱一些，因此相对于可见光和紫外线，红外线可以达到物质内部更深层次的部位，甚至可以穿透一些可见光线和紫外线不能通过的物质。这种某些强烈吸收可见光而呈现深色调的物质因不吸收或较少吸收红外线，不同程度地被红外线穿透而呈现透明状或浅色调。红外线拍照方法规则详情请见《红外照相、录像方法规则》（GA/T 583 – 2005）。

红外线是一种肉眼看不见的电磁波，它的波长范围很宽，约 760nm—10^6 nm。红外光谱区分为三个部分：760nm—1500nm 为近红外区；1500nm—8500nm 为中红外区；

8500nm—10^6nm 为远红外区。而红外线照相使用的红外线是近红外线中 760nm—1500nm 这一波段。

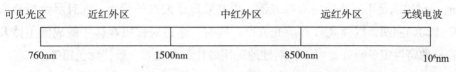

可见光区   近红外区   中红外区   远红外区   无线电波

760nm   1500nm   8500nm 10^6nm

图 2.4.2.1   红外线波长范围

红外反射照相，是记录被拍客体在红外光波段反射成像状况的专门照相。根据不同的被拍客体和不同的带通型滤光片，选用适当波长的黄色滤光片截止物体反射光中的紫外光和蓝光，保证感光元件只记录物体反射的绿光、红光和红外光。拍摄原理如图 2.4.2.2。

红外荧光照相，即物质被红外线激发后发出的可见荧光或红外荧光记录在感光材料上。由于痕迹产生荧光或荧光较强，载体不产生荧光或荧光较强时，可形成一定亮度差别，在镜头前安装一个截止型滤光镜，从而让物体的荧光被记录下来。拍摄原理如图 2.4.2.3。

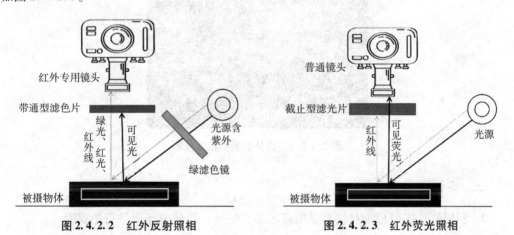

图 2.4.2.2   红外反射照相   **图 2.4.2.3   红外荧光照相**

二、实训内容

利用红外线照相法对文书进行拍照。

三、实训器材

红外线光源（白炽灯、碳弧灯、钨丝灯、电子闪光等）、滤光镜（专用的红外滤色镜）、红外镜头、数码照相机、三脚架及其他附件（比例尺、快门线、暗袋、背景衬纸等设备）。

四、实训步骤与方法

红外线照相与普通照相的拍摄方法大致相同，而红外反射照相需要注意的问题有：

1. 安装照相机到翻拍架上,设置照相机,放置被摄原件,放比例尺。

2. 选择激发光源,在可见光下取景调焦。激发光源,尽量选择蓝绿光(340nm—550nm),可以满足不同物质的吸收光谱,更有效地激发红外荧光,而且尽量提高激发照明强度,均匀照明,以提高红外荧光强度。同时,通过对被摄客体中的成像主体及背景光谱特性的定性定量研究,可以针对性地选用最佳激发光源、最佳滤色镜等。

3. 对焦。在可见光下调焦,同紫外反射照相调焦一样。

4. 安装红外滤色镜,曝光。稍大一些的光圈,系列曝光。

5. 在全黑环境下,利用专门的红外专用镜头进行拍摄、固定。

实例:随着科技的进步,目前在文件检验活动过程中,常常利用配置有多种波段(红外线、紫外线等)的文检仪对检材进行红外、紫外反射、荧光照相,常常用于检验文件是否有添加、涂改、污染,伪造事实。如采用文件仪的红外线功能,利用有些物质可以在红外线下发出荧光的特性,即可呈现人民币上的水印特征。同样的方法,可以对一些消退、掩盖、涂抹文书等进行文字"显现"功能。

图 2.4.2.4　红外荧光照相效果图

五、实训练习

1. 利用红外线照相法对被消退的蓝黑墨水字迹、斑渍或印迹进行拍照固定;

2. 利用红外线照相法对纸张上橡皮擦擦除的铅笔字迹进行拍照固定。

实训内容三　了解激光检验照相

一、实训原理分析

激光检验照相首次在刑事技术中的应用是1970年门塞尔等人对激光检验潜在手印的研究。从此以后,在刑事技术领域中激光检验照相得到迅速发展。我国刑事技术部门于20世纪80年代开展了激光检验照相的研究和应用,充分利用激光的高亮度等特性进行了激光光致发光照相、激光反射照相、激光红外以及激光低温红外照相等,在潜在手印的显现,检验消退字迹、涂改字迹、真伪票证等方面取得许多成果。

激光光致发光检验照相，是利用激光作为光源，用激光的高亮度和单色性等特性诱导物证发光，对发光物证进行固定的方法。用激光显现微弱的潜在痕迹有下列突出优点：其一，激光亮度高，能使痕迹产生较强的荧光，便于观察和拍摄；其二，激光单色性好，能有效地激发痕迹中的某些物质，使其发出可见荧光或红外荧光，也有利于选择滤光器来滤掉激发光和背景杂散光，突出痕迹的发光；其三，对被检物可以不污染不损坏，用其他方法失败后，还可以考虑用激光显现法来检测。

激光光致发光可以分为两类：一类是被检物未经任何方法处理，在激光激发下直接发出较强荧光，进而对荧光进行拍摄，称为固有荧光照相；另一类是某些痕迹物证在激光照射下，不产生荧光，或荧光较弱而不能直接进行荧光照相，因此必须对其进行某些物理或化学方法处理后，再用激光激发，才会产生较强荧光，这类荧光称为二次荧光。对这些荧光影像进行拍摄，称为激光二次荧光照相。

激光发光照相主要针对各种潜在痕迹，如各种承受客体（玻璃、纸张、塑料、皮革、金属、纺织物、皮肤等）上的汗潜手印、血潜手印、人体分泌物及排泄物，消退、掩盖、涂改的字迹和戳迹，真假币的鉴别、油渍的检验等。激光发光照相与红外线荧光照相、紫外线荧光照相等一样，属于特种检验照相。因此，使用的器材和方法有特殊的要求。

二、实训内容

利用激光照相技术对半渗透、渗透客体上的汗潜手印进行拍照。

三、实训器材

Laser 激光器、纸张指纹无损快速提取系统（WR-ZZ‑1）、滤光镜、数码照相机、微距镜头、快门线、翻拍架等。

图 2.4.3.1　Laser 激光发射器　　　图 2.4.3.2　纸张指纹无损快速提取系统

四、实训步骤与方法

1. 配置化学显现溶液，利用化学显现的方法对纸张上的汗液指印进行显现。用天平秤取茚二酮 0.24g、用量杯量取丙酮 32ml、石油醚 330ml，将三者倒入玻璃容器中进行搅拌。

2. 佩戴手套，合理预判纸张上汗潜指印的位置，将纸张浸入上述溶液中。待浸泡3秒—5秒全部浸湿时，即可拿出。

3. 打开纸张指纹无损快速提取系统，先预热 30 秒。将上述纸张放入该系统进行烘干，之后取出备用。

4. 在翻拍架上安装好带有微距镜头的相机，将纸张放入载物台上准备拍照。

5. 打开 Laser 激光发射器，选择合适的光源，对上述纸张怀疑有指印的地方进行照射。

6. 佩戴好护目镜，打开相机，对所见到的指印进行曝光、调焦处理。必要时可以选用滤色镜进行增强处理。

7. 当得到合适的效果时，即可拍照固定。

实例：利用上述方法获得的汗潜指印效果图。

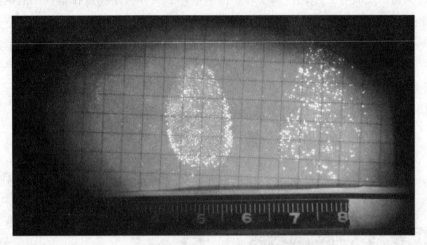

图 2.4.3.3　激光照相法拍摄汗潜指印效果图

五、实训练习

采用上述方法，利用激光对化学处理的指纹进行拍照。

——— 实 训 项 目 三 ———

对刑事图像进行处理

✦ 实训情境

在刑事照相实际工作中，现场光线条件、照相设备性能的差异、拍摄者的技术水平等因素都会影响到照片的成像质量。学习用 Photoshop 软件中图像调整、图层、通道等常用图像处理命令，通过一定的操作练习，掌握图像处理的运用技巧和方法，能使图像质量通过后期处理得到优化。

随着社会对安全的需求日益增长，视频监控由于能时刻记录人们的行为，因此以视频图像为载体的安全监控设置几乎无处不在，视频监控的广泛布置也为刑事犯罪案件的侦破提供有力依据。但是目前绝大部分地区安装的视频监控设备数量严重不足，并且具有分辨率低、压缩失真严重、色彩不丰富、夜间不能有效工作等功能性问题，大大降低了人们对视频监控的期望。针对这一问题，市面上出现了多种"模糊图像处理系统"，如美国的 Photoshop、Video Investigator 识慧系统、Image – Pro Plus（IPP），意大利 Amped FIVE 模糊图像处理系统，荷兰的 Impress（影博士）、恒锐痕检/文检图像处理系统，国内的警视通数字影像分析系统、神博模糊图像处理系统等。学习模糊图像的处理方法，能有效提高模糊图像的分辨率，提高图像的色彩层次，增强图像的效果。

✎ 实训目的

1. 了解 Photoshop 的基本操作、常规命令；
2. 掌握 Photoshop 对于刑事图像的综合运用；
3. 利用 Photoshop 制作刑事照相卷；
4. 利用模糊图像处理工具对模糊图像进行处理。

实训任务一　了解 Photoshop 软件基本操作

一、实训原理分析

Photoshop 是美国 Adobe 公司开发的图像设计及处理软件，它是一个集图像扫描、编辑修改、图像制作、广告创意、图像合成、图像输入输出、网页制作于一体的专业图像处理软件。从功能上看，该软件可分为图像编辑、图像合成、校色调色及特效制作等部分。图像编辑是图像处理的基础，可以对图像做各种变换和修复。图像合成则是将几幅图像通过图层操作、工具应用合成完整的图像，使合成的图像天衣无缝。校色调色可方便快捷地对图像的颜色进行明暗、色偏的调整和校正，也可将不同颜色进行切换以满足图像在不同领域的应用。特效制作在该软件中主要由滤镜、通道及工具综合应用完成。

二、实训内容

1. 启动和退出；

2. Photoshop 工作界面介绍；

3. 新建文件、置入文件、打开文件、存储文件的方法；

4. 标尺、网格、参考线的设置方法；

5. 选取、擦除与填充工具的操作；

6. 裁剪工具的操作；

7. 更改图像大小、图像分辨率的方法；

8. 更改画布大小的方法；

9. 绘图与修图工具；

10. 文字工具的介绍及操作；

11. 旋转画布命令的操作。

三、实训器材

台式电脑、Photoshop CS3 软件。

四、实训步骤与方法

（一）启动和退出

在 WindowsXP 环境下，直接在桌面上双击 Photoshop 快捷方式图标，即可启动 Photoshop 图像软件。单击屏幕左下角的"开始"菜单，在程序菜单中点取 Photoshop 也可以启动软件。在 Photoshop 图像软件界面内执行菜单【文件】→【退出】操作，即可退出该程序。或者点击标题栏右侧的关闭选项，也可退出该程序。

（二）Photoshop 的工作界面介绍

1. 标题栏。位于主窗口顶端，显示当前软件的版本，右边分别是最小化、最大化/还原和关闭按钮。

2. 属性栏。选中某个工具后，属性栏就会改变成相应工具的属性设置选项，可更

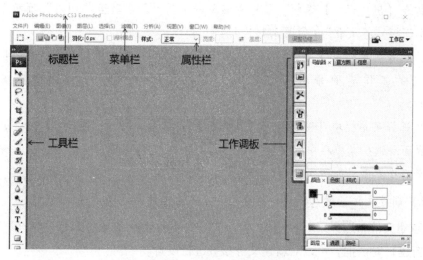

图 3.1.1.1　Photoshop 工作界面

改相应的选项。

3. 菜单栏。为整个环境下所有窗口提供菜单控制，包括文件、编辑、图像、图层、选择、滤镜、视图、窗口和帮助，如图 3.1.1.1。

4. 工具栏。可以用来选择、绘画、编辑以及查看图像。有些工具箱右下角有一个小三角形符号，单击一下可以看到若干个相关工具，如图 3.1.1.2。

5. 工作调板（控制面板）。通过"菜单/窗口"来开启面板，也可以设定为隐藏状态。控制面板的上方有一个指向左边的双三角形按钮，按下它就可以展开控制面板。

实例 1——设置"我的工作区"和恢复默认工作区

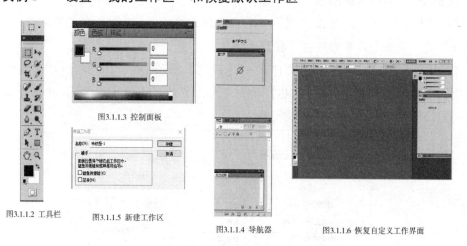

图3.1.1.2 工具栏　　图3.1.1.5 新建工作区

图3.1.1.3 控制面板

图3.1.1.4 导航器　　图3.1.1.6 恢复自定义工作界面

（1）在默认的工作界面中，使用鼠标单击【工具箱】上方展开按钮，如图 3.1.1.2 所示，即将单排工具箱展开为双排工具箱。

（2）关闭控制面板中的"颜色""色板""样式"调板，如图 3.1.1.3。

（3）最小化"导航器"和"图层"面板，通过【菜单栏】→【窗口】→【历史记录】打开【历史记录】调板，鼠标左键单击该调板，拖动至"图层"面板下方。最后将三个面板"最大化"，如图3.1.1.4。

（4）选择菜单栏中【窗口】→【工作区】→【新建工作区】命令，在弹出的对话框中给新的工作界面命名为"××的工作区"，然后点击【存储】按钮，如图3.1.1.5。

（5）选择菜单栏中【窗口】→【工作区】→【基本功能（默认）】命令，恢复默认工作界面。选择菜单栏中的【窗口】→【工作区】→【复位××工作区】命令，恢复自定义工作界面。如图3.1.1.6。

（三）新建文件、置入文件、打开文件、存储文件的方法

1. 新建文件。选择菜单栏中的【文件】→【新建】命令，或按 Ctrl + N 组合键，打开【新建】对话框，可以对新建文件参数进行设置。

2. 置入文件。选择菜单栏中的【文件】→【置入】命令，打开【置入】对话框。可以将选择的不同格式的文件作为智能对象置入到当前工作的文件中。

3. 打开文件。选择菜单栏中的【文件】→【打开】命令，或按 Ctrl + O 组合键，或在工作区双击鼠标，可以打开【打开】对话框，选择需要处理的图像。

4. 存储文件。选择菜单栏中的【文件】→【存储】命令，或按 Ctrl + S 组合键，打开【存储】对话框。可以对当前修改的文件进行保存。如果是已保存的文件，按 Shift + Ctrl + S 组合键，就会弹出【存储为】对话框，在对话框中可以设置文件名称、保存位置以及保存格式等。

实例2——制作截屏图像

（1）新建一个"我的工作区"，将"我的工作区"打开，按屏幕拷贝"Print-Screen"键，将整个屏幕内容拷贝在剪贴板内。

（2）选择【菜单栏】→【文件】→【新建】命令，在【新建】对话框中可以【预设】项为"剪贴板"，将【名称】项重命名为"截屏图像+姓名"，点击【确定】。如图3.1.1.7所示。

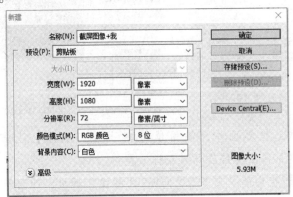

图3.1.1.7　剪贴板命名

（3）选择【菜单】→【编辑】→【粘贴】命令。如图 3.1.1.8 所示。

图 3.1.1.8　截屏图像粘贴

（4）选择【菜单栏】→【文件】→【存储】命令，打开【存储】对话框。选择存储位置为"桌面"，文件格式为"JPEG"。点击"保存"。如图 3.1.1.9 所示。

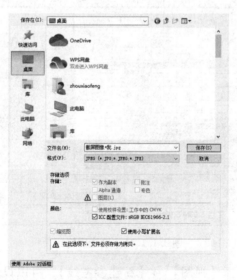

图 3.1.1.9　存储截屏图像

（四）标尺、网格、参考线的设置方法

1. 设置标尺。选择【视图】→【标尺】命令后，可以在窗口的顶端和左侧显示标尺，拖动左上角的原点到图像中的任意位置可以改变标尺的测量点，双击原点可以恢复标尺测量点。如图 3.1.1.10 所示。

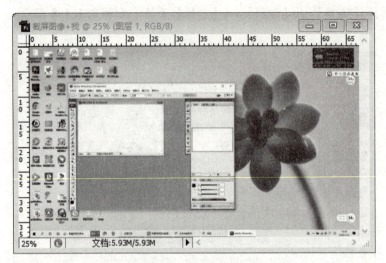

图 3.1.1.10　设置标尺

2. 设置网格线。选择【视图】→【显示】→【网格】命令，可以在图像中隐藏或显示网格。如图 3.1.1.11 所示。

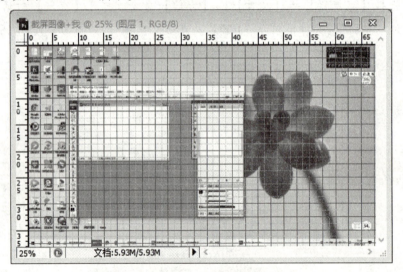

图 3.1.1.11　设置网格线

3. 设置参考线。选择【视图】→【新建参考线】，可以设置水平和垂直方向的参考线，然后选择【视图】→【显示】→【参考线】命令，可以在图像中隐藏或显示参考线。如图 3.1.1.12 所示。

4. 设置标尺与单位。选择菜单栏中的【编辑】→【首选项】→【单位与标尺】命令，可以打开首选项对话框，对标尺与文字的单位进行设置。如图 3.1.1.13 所示。

5. 设置参考线、网格参数。选择菜单栏中的【编辑】→【首选项】→【参考线、网格、切片和计数】命令，可以设置参考线和网格的颜色、样式等。如图 3.1.1.14 所示。

图 3.1.1.12　设置参考线

图 3.1.1.13　设置标尺与单位　　　图 3.1.1.14　设置参考线、网格等参数

（五）选取、擦除与填充工具的操作

1. 选取工具，包括选框工具、拉索工具、魔棒工具等，这些工具各有特色，如使用魔棒工具可以快速创建图像中颜色相同或相近像素的选区。

2. 擦除与填充工具，包括橡皮擦工具、油漆桶工具和渐变工具等，可以将目标区域中的色彩替换为指定的色彩。

实例 3——为证件照换背景

（1）选择菜单栏中的【文件】→【打开】命令，找到图像素材，将其【打开】。如图 3.1.1.15 所示。

（2）在工具箱中选择一种选择工具，例如使用【魔棒工具】。选择该工具后，将属性栏【容差】设置为 32，勾选【连续】。如图 3.1.1.16 所示。

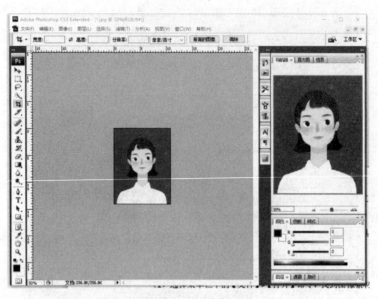

图 3.1.1.15 打开图像素材

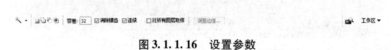

图 3.1.1.16 设置参数

（3）在属性栏中选择【添加到选区】功能，先在蓝色背景区域点击，点击过程中注意不要将人像区域选中。

（4）按 Delete 键将背景内容删除，如图 3.1.1.17 所示。

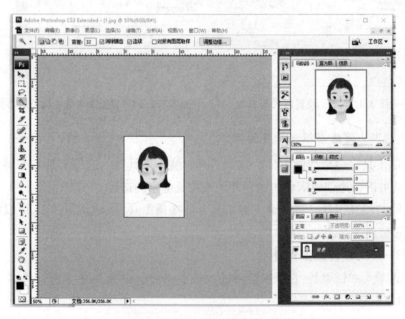

图 3.1.1.17 删除背景内容

（5）选择【菜单栏】→【选择】→【取消选择】，消除选区。

（6）在【工具箱】中选择【橡皮擦工具】将未删干净的残余像素擦除。在属性栏中可以对橡皮擦的大小、形状等属性进行设置。如图3.1.1.18所示。

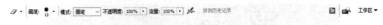

图 3.1.1.18　设置橡皮擦参数

（7）再次选择【快速选择工具】，点击背景，按住 Shift 键，将所需填充的背景区域完整选中。

（8）使用【工具箱】→【设置前景色】，在弹出的【拾色器】对话框中选择红色区域。

（9）选择一种填充方式，例如选择【菜单栏】→【编辑】→【填充】，在弹出【填充】对话框中选择【内容】→【使用】→【前景色】，选择确定。或者选择【工具箱】→【油漆桶】，然后在选区内点击。之后，选择【菜单栏】→【选择】→【取消选择】，消除选区，效果如图3.1.1.19。

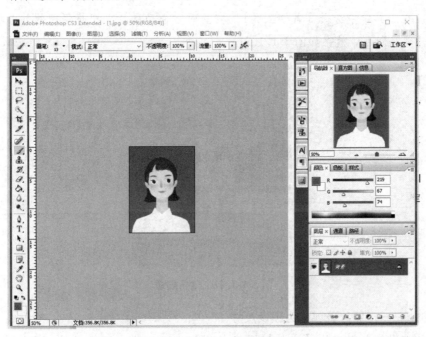

图 3.1.1.19　填充背景

（六）裁切工具的操作

裁剪工具可以剪贴图像，并可以重新设置图像的大小和分辨率。在图像上选择一点，按住鼠标向对角处拖动，然后松开鼠标，便可创建裁剪选区。拖动选区外框，可以调整选区大小，按住回车键可以完成裁剪。高度、宽度、分辨率、前面图像、消除等都可以自行设定。

实例4——用裁切工具对照片进行重新构图。

（1）选择菜单栏中的【文件】→【打开】命令，找到图像素材，将其【打开】。如图3.1.1.20所示。

图3.1.1.20 打开图像素材

（2）在工具箱中选择【裁切工具】，在画面上拖动鼠标，把想保留的部分框出来。按回车键确定即可。效果如图3.1.1.21。

图3.1.1.21 裁切图像

实例5——把照片裁剪成为预设尺寸

（1）选择菜单栏中的【文件】→【打开】命令，找到图像素材，将其【打开】，裁剪前的原图尺寸。

（2）照片裁剪尺寸标准为1寸，像素为300×420；分辨率为300像素/英寸；头部宽度为14mm—16mm，头部长度为19mm—22mm。电子照片格式为JPG，大小不超过100KB。

（3）在【菜单栏】→【编辑】→【首选项】→【标尺】选项中选择"像素"。

（4）在工具箱中选择【裁切工具】。在属性栏中将【宽度】设为300像素，【高度】设为 420 像素,【分辨率】300 像素/英寸。

（5）在画面上拖动鼠标,注意构图范围。按回车键确定即可。效果如图 3.1.1.22。

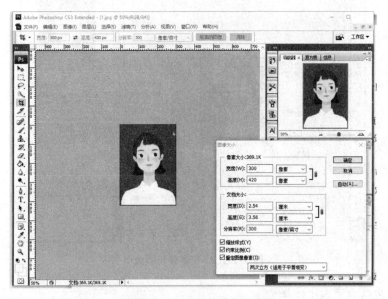

图 3.1.1.22 裁剪预设尺寸图像

（6）最后选择【文件】→【存储为】,在存储对话框中指定【保存位置】,【文件格式】选择 JPEG。选择【保存】,在随后弹出的【JPEG 选项】对话框下,将品质设为【最佳】,文件大小设为"11",【确定】完成。

（七）更改图像大小、图像分辨率的方法

通过上述裁剪工具可以实现图像大小更改,另一种就是直接设置尺寸对图像进行调整。选择菜单栏中的【图像】→【图像大小】命令,系统会弹出如图所示的【图像大小】对话框,可以调整图像的像素大小、打印尺寸和分辨率。

实例 6——制作一张 1 寸照片,标准为:打印尺寸 25mm×35mm,像素为 300×420。

（1）选择菜单栏中的【文件】→【打开】命令,找到图像素材,将其【打开】。选择菜单栏中的【图像】→【图像大小】命令,在弹出的对话框中可见像素大小、文档大小、分辨率等。取消【重定图像像素】选项的勾选。

（2）在工具箱中选择【裁切工具】。在属性栏中将【宽度】设为 300 像素,【高度】420 像素,进行裁剪。

（3）裁剪后选择菜单栏中各【图像】→【图像大小】命令,在弹出的对话框中,将【宽度】改为 2.5cm,【高度】改为 3.5cm,分辨率则自动变为 304.8 像素/英寸。如图 3.1.1.23 所示。

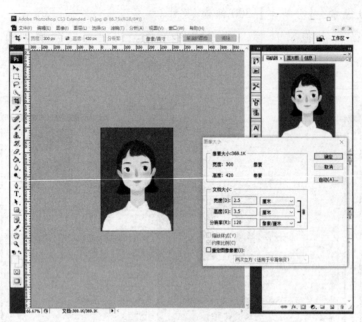

图 3.1.1.23 调整图像大小

（八）更改画布大小方法

选择菜单栏中的【图像】→【画布大小】命令，弹出【画布大小】对话框。其中有当前大小、新建大小、相对、定位、画布扩展颜色等选项，可以对相应选项进行设定从而改变画布大小。如图 3.1.1.24 所示。

图 3.1.1.24 设置画布大小

实例 7——在 A4 版面上编排两张 5 寸照片

（1）选择菜单栏中的【文件】→【打开】命令，在弹出的对话框中选择打开图片的路径，选择两张目标图片点击【打开】。

（2）使用菜单栏中的【图像】→【图像大小】命令，分别将两幅照片的【宽度】设为12.7cm，勾选【约束比例】；【分辨率】设为"300像素/英寸"。

（3）选择图，执行【菜单】→【图像】→【画布大小】命令，在弹出的【画布大小】对话框中，将【宽度】设为21cm，【高度】设为29.7cm，【定位】在中心。【画布扩展颜色】选择"白色"。

（4）选择【菜单栏】→【视图】→【标尺】命令。选择【菜单栏】→【视图】→【新建参考线】命令。在弹出的对话框中，选择"垂直"，位置4cm，点击确定；再建一条参考线，选择"水平"，位置5cm；第三条参考线选择"水平"，位置17cm。如图3.1.1.25所示。

（5）选择【工具箱】→【矩形选框工具】，将照片全选，选择【移动工具】，按键盘上方向键，以参考线为准，移动到5cm处水平参考线和垂直参考线交叉处。执行【菜单栏】→【选择】→【取消选择】命令。

（6）选择图，使用移动工具，在图像上点击并拖动，拖动到图的工作区，向17cm处水平参考线和垂直参考线交叉处靠拢，照片会自动被吸附到交叉处。

（7）添加相关文字。如图3.1.1.26所示。

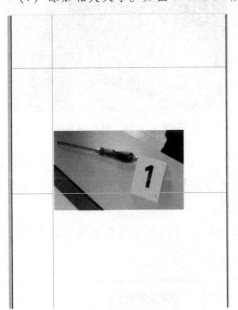

图3.1.1.25　建参考线

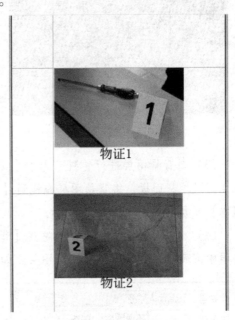

图3.1.1.26　添加文字描述

（九）绘图与修图工具

绘图与修图工具包括：画笔工具、修复画笔工具、仿制图章工具、模糊工具、锐化工具、减淡工具、加深工具等。修补工具，可以用其他区域或图案中的像素来修复选中的区域。修补工具会将样本像素的纹理、光照和阴影与源像素进行匹配。一般常用在对有瑕疵的图片进行快速修复。使用修补工具，只要在属性栏中选中对应的选项后，在绘制选区并拖动选区即可。

实例8——面貌损伤修补。

知识链接——按照中华人民共和国公共安全行业标准《尸体辨认照相、录像方法规则》（GA/T 223 - 1999）中对拍摄方法的规定，在对尸体相貌进行拍摄时要清洗和整容，即在拍摄尸体面貌特征原始状况后，对头面部有污物的尸体要清洗、擦拭干净；有损伤的要进行整容修补。书中将以一个伤口为例进行讲解。

（1）选择菜单栏中的【文件】→【打开】命令，找到图像素材，将其【打开】。如图 3.1.1.27。

（2）选择【工具箱】→【修补工具】，点击鼠标左键，先后一次框选需要修补的地方，然后移动到颜色相对较好的皮肤处进行修补。多次框选并移动后，需要修补的部位即可修补成功。效果如图 3.1.1.28。

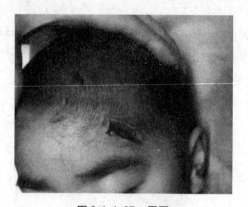 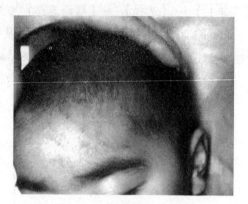

图 3.1.1.27　原图　　　　　　　　　　　图 3.1.1.28　修补效果图

（3）对背景图层进行复制。选择【菜单栏】→【图层】→【复制图层】命令，或者在图层控制面板，将背景图层拖拽到【创建新图层】按钮，如图所示，创建【背景副本】图层。如图 3.1.1.29 所示。

（4）在图层控制面板上首先隐藏【背景副本】图层，点击【背景副本】图层前面的眼睛图表，然后选择【背景】图层。如图 3.1.1.30 所示。

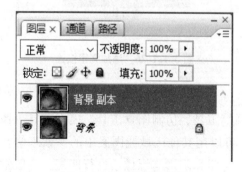 

图 3.1.1.29　创建背景图层　　　　　　　图 3.1.1.30　选择背景图层

（5）选择【工具箱】→【仿制图章工具】，在属性栏设置【画笔】粗细，将鼠标拖动到图像的左上角区域，按住 Alt 键单击鼠标设置源文件的选取点，随后松开 Alt 键，移动鼠标指针到手部的位置，再按住鼠标拖动，可将选取点的图像复制至指针所在位置，反复操作，直到将手部全部覆盖。

（6）隐藏【背景】图层，显示【背景副本】图层，选择【背景副本】图层。启用【工具箱】→【魔术橡皮擦工具】，将白手套图像清除，如图 3.1.1.31 所示。

（7）显示【背景】图层，将两个图层合并，执行菜单栏【图层】→【拼合图像】命令。选择【工具箱】→【画笔工具】，设置【画笔】粗细，顺着头发丝的方向，再添加一些发丝，丰富形象特征，制造逼真效果。如图 3.1.1.32 所示。

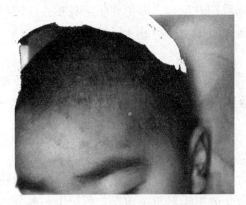

图 3.1.1.31　橡皮擦清除图像

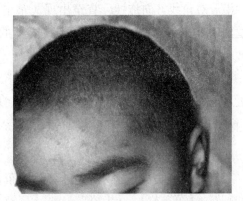

图 3.1.1.32　合并图层效果图

（十）文字工具的介绍及应用

使用【文字工具】，不仅可以对文本进行输入、编辑；还可以对文字进行设计、变化样式，高质量把矢量文本与位图图像完美结合。在工具箱中右击【文字工具】按钮，可以弹出展开文字工具组。使用文字工具组，可以创建文字选区，该工具组包括【横排文字工具】【直排文字工具】【横排文字蒙版工具】【直排文字蒙版工具】。

1. 文字的创建和编辑。

（1）创建文字。可以使用【横排文字工具】在图像中的任何位置，创建横排文字。如果要创建竖排文字，使用【直排文字工具】即可。使用【横排文字蒙版工具】和【直排文字蒙版工具】可以直接创建出文字选区，不会新建图层。在工作页面中单击鼠标，即键入了文字的起始点。通过键盘输入文字。

（2）设置字符属性。可以通过属性栏对已经输入文字的属性，如文字的字体、字形、大小、颜色及消除锯齿等做相应的更改，以使文字效果更符合画面的要求。先拖拽鼠标，将字母全部选中，即可进行设置。也可以通过【字符】控制面板对点文字和段落文字，进行文字行距、字距微调、文字水平与垂直缩放比例、制定基线移动、更改大小写、使字符成为上标或下标、应用上划线和删除线以及连字等字符属性的更改。

勾选【菜单栏】→【窗口】→【字符】，或者点击属性栏里的【切换字符和段落面板】按钮弹出【字符】调板。

（3）栅格化文字。在 Photoshop 中，有些命令和工具不能应用于文字图层，例如无法为文本添加滤镜效果等。此时应为文字图层执行栅格化命令。如选择【图层】调板中的文字图层，单击右键，选择【栅格化文字】命令，这样就可以将文字图层转变为普通图层。

2. 段落文字。在图像中添加文字时，很多时候需要输入一段文字内容，可以通过【段落】控制面板对段落样式进行设置。

（1）创建基础文字定界框。文字定界框是在图像中划出一个矩形范围，通过调整定界框的大小、角度、缩放和斜切来调整段落文字的外观效果。在视图中，单击鼠标，并沿着对角线方向拖拽，直至出现文字定界框后松开鼠标，即创建了定界框。在定界框内输入文字后，将光标移动到定界框的 4 个角上，按住 Ctrl 键，拖动缩放定界框，此时文字会跟随定界框缩放。

（2）设置段落样式。使用【段落】控制面板，可以很轻松地对选定段落进行各种设置。如设置指定对齐选项、缩进段落、段落间距、调整连字等。勾选【菜单栏】→【窗口】→【段落】，弹出【段落】调板。

（十一）旋转画布操作

【菜单栏】→【图像】→【旋转画布】命令可以对整个图像进行任意角度的旋转和翻转。【菜单栏】→【编辑】→【变换】命令适用于对单个图层、图层中一部分的选取以及路径进行旋转或翻转。

实例 9——调整歪斜照片

（1）选择菜单栏中的【文件】→【打开】命令，找到图像素材，将其【打开】。如图 3.1.1.33。

图 3.1.1.33　原图

（2）在【工具栏】选择【标尺工具】，或者选择【菜单栏】→【分析】→【标尺】，再在图片中标出一条以图片为参考物的水平线。

（3）依次选择【菜单栏】→【图像】→【旋转画布】→【任意角度】命令，弹出的窗口会自动设置一个调整角度，点击确认即可。

（4）这时照片歪斜，可以通过裁剪校正。如图 3.1.1.34。

图 3.1.1.34　校正后图像

实例 10——印章的重叠比对法

选择菜单栏中的【文件】→【打开】命令，找到需要比较的印章印文素材，将其【打开】，这是两枚用扫描仪扫描输入的印章图像，已按照相同的规格裁剪。如图3.1.1.35、图 3.1.1.36 所示。

图 3.1.1.35　检材

图 3.1.1.36　样本

（1）使用【工具箱】→【移动工具】，将样本印文直接拖动到检材印文的工作页面。

（2）对图 2 使用【图像】→【调整】→【反相】，然后再选择【工具箱】→【移动工具】，勾选属性栏【显示变换控件】，用鼠标左键点击不放，移动到图 3.1.35 检材画布上，然后在【图层】控制面板将不透明度设为 32%。

（3）使用【菜单栏】→【编辑】→【变换】→【旋转】命令。光标移动到控件的一角，按住鼠标，旋转调整角度，以"工"为基准对其重合，再观察比较其他部分两印文的重合情况。最后使用【图层】→【合并可见图层】将两印文合并为一张图保存。效果如图 3.1.1.37 所示。

图 3.1.1.37 重叠效果图

五、实训练习

1. 将一张照片裁剪成 1 寸照片（打印尺寸为 25mm×35mm，像素为 300×420）；

2. 对拍歪斜的照片进行矫正；

3. 对尸体照片面部损伤进行修补。

实训任务二　了解 Photoshop 常用处理命令介绍及运用

实训内容一　了解 Photoshop 软件的调整命令

一、实训原理分析

在实际工作中由于现场光线条件、照相设备性能差异、拍摄者技术水平等因素的制约，照片的成像质量会受到影响。通过 Photoshop 软件中图像调整、图层、通道等常用图像处理命令的使用，能使图像质量通过后期处理得到优化。Photoshop 中的【图像】→【调整】中包含【色阶】【曲线】【色彩平衡】和【色相/饱和度】等。这些命令不仅可以对亮度和对比度进行调整，还可以改变图像的色调和颜色。对于简单的调整，直接应用【图像】→【调整】命令即可，对于繁复的调整，应当在【调整图层】上进行。

1. 色阶。就是用直方图描述整张图片的明暗信息状况。使用色阶命令可以调整图像的暗调、中间调和高光级别。【色阶】对话框中的直方图，可以用作对校正图像的色调范围和色彩平衡的参考。从左至右是从暗到亮的像素分布，黑色三角代表最暗的地方，白色三角代表最亮的地方，灰色三角代表中间色调的地方。如图 3.2.1.1 所示。

在【输入色阶】和【输出色阶】对应的文本框中输入数值来调整图像的色阶范围或亮度范围，也可以通过拖动图中的滑块来实现调整。

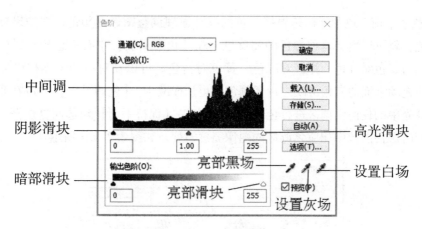

图 3.2.1.1　色阶调节

【设置黑场】【设置灰场】【设置白场】按钮，分别用来设置图像中阴影/中间调/明亮部分的范围。单击【设置黑场】按钮后，将光标在图像中点击，单击后图像中的颜色比选取点的颜色更深；【设置白场】方法正好与【设置黑场】相反；【设置灰场】用来设置图像中间调的范围，使用光标在白色或黑色区域单击后会恢复图像。

2. 曲线。使用【曲线】命令可以对图像的暗部或亮部进行准确的调整，可以直接拖动直方图中的曲线对图像进行调整，也可以对单个通道进行调整。利用它可以综合调整图像的亮度、对比度及色彩等。【曲线】对话框中曲线图的曲线默认状态是一条对角线。曲线从右上角的端点向左移动，增加图像亮部的对比度，并使图像变亮。曲线左下角的端点向右移动，增加图像暗部的对比度，使图像变暗。使用【编辑点以修改曲线】，可以在曲线上添加控制点来调整曲线，拖动控制点即可改变曲线形状。使用【通过绘制来修改曲线】，可以随意在直方图内绘制曲线。向上弯曲会将图像变亮，向下弯曲会将图像变暗。也可以通过设置【输出】和【输入】数值来控制曲线上控制点的位置。如图 3.2.1.2 所示。

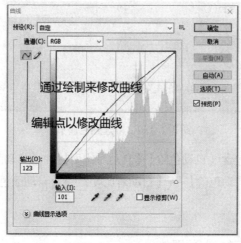

图 3.2.1.2　曲线调节

3. 色彩平衡。色彩平衡是根据颜色的互补原理调整图像的颜色，即如果要减少某一种颜色，就可以增加这种颜色的相反色。在【色彩平衡】中有三组相互对应的互补色，分别为青色对红色、洋红对绿色、黄色对蓝色。可以在对应的文本框中输入相应的数值或拖动下面的三角滑块来设置颜色的增加或减少。【色调平衡】可以在阴影、中间调或高光中的任何色调区进行色彩平衡的调整。【保持平衡】勾选此复选框，在调整色彩平衡时保持图像中相应色调区的图像亮度不变。如图 3.2.1.3 所示。

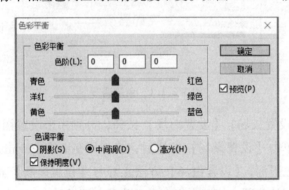

图 3.2.1.3　色彩平衡调节

4. 可选颜色。【可选颜色】命令可以有选择地调整任何颜色中的印刷色数量而不影响其他主要颜色。例如调整"黄色"颜色中的"黄色"的数量，不会影响"黄色"在其他主色调上的数量。如图 3.2.1.4 所示。

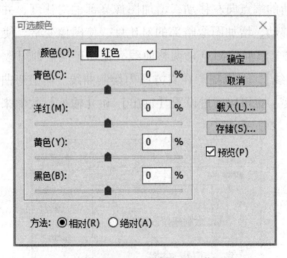

图 3.2.1.4　可选颜色调节

5. 自动色阶功能。包含【自动色阶】【自动对比度】和【自动颜色】。只需要单击【菜单栏】→【图像】→【自动色阶】→【自动对比度】→【自动颜色】即可自动完成调整。

二、实训内容

1. 使用【色阶】调整发灰的图片；

2. 使用【曲线】调整发暗的图片。

三、实训器材

Photoshop CS3 的调整命令。

四、实训步骤与方法

（一）使用【色阶】调整发灰的图片

1. 选择菜单栏中各【文件】→【打开】命令，找到图像像素，将其【打开】。如图 3.2.1.5 所示。

2. 选择菜单栏中的【图像】→【调整】→【色阶】命令，打开色阶对话框。观察直方图，可见直方图下边左边黑三角处（也就是图像暗调处）没有一点像素，右边白色三角处也没有一点像素，所有像素都集中在灰三角周围，也就是中间调区域，这就说明照片对比度较低，整体调发灰。如图 3.2.1.6 所示。

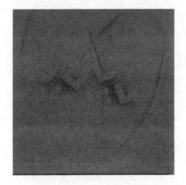
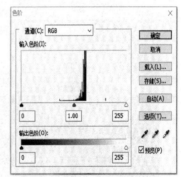

图 3.2.1.5　原图　　　　　图 3.2.1.6　图像色阶参数

3. 把左边的黑三角向右边滑动到"波峰"的最左端，把右边的白三角向左滑动到"波峰"的最右端。这时照片的发灰现象明显减轻。

4. 边观察图像边滑动中间的灰三角控制明暗，找到最佳状态即可。效果如图 3.2.1.7 所示。

图 3.2.1.7　调整后效果图

（二）使用【曲线】调整发暗图片

1. 使用菜单栏中的【文件】→【打开】命令，找到图像素材，将其【打开】。该幅图像整体曝光不足。如图 3.2.1.8 所示。

2. 选择菜单栏中的【图像】→【调整】→【曲线】命令，打开【曲线】对话框，设置【通道】为"RGB"，选择【编辑点以修改曲线】，在曲线上每点击一次就会增加一个点。添加的点是可以拖动的，把点向上拖动就会提亮图像，向下拖动就会压暗图像，把点拖到曲线面板以外就会删除点。如图 3.2.1.9 所示。

3. 曲线左下角的端点代表暗调，右上角的端点代表亮光，中间的过度代表中间调。可以在曲线上添加四个点，提亮图片的暗部，高光稍微压暗一点，这样图片可以呈现更多的细节，高光又不会过曝。

4. 设置完毕后点击【确定】按钮，应用【曲线】命令后的效果如图 3.2.1.10 所示。

图 3.2.1.8　原图

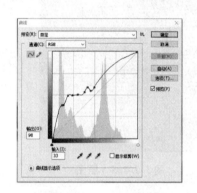

图 3.2.1.9　曲线调整

图 3.2.1.10　调整后效果图

五、实训练习

尝试用【色阶】【曲线】【色彩平衡】等工具对颜色不均照片进行处理。

实训内容二　了解 Photoshop 图层命令

一、实训原理分析

图层就是含有文字或图像等元素的胶片，一张张按顺序叠放在一起，组合起来形成图像的最终效果。

1. 图层调板介绍。选择【菜单栏】→【窗口】→【图层】命令，打开【图层】调板。如图 3.2.2.1 所示。

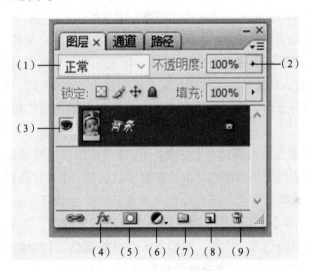

图 3.2.2.1　打开图层调版

其中主要项目含义如下：

（1）【图层的混合模式】：用来调节当前图层与下面图层的混合模式。

（2）【不透明度调节】：不透明度可以调整整个图层的不透明度；填充不透明度只能对图层中存在的像素调整不透明度，不能对该图层应用的图层样式进行不透明度操作。

（3）【显示图层】：当前层前面出现小眼睛图标时，表示该图层中的像素可以在图像中看到，没有出现小眼睛图标时，即被隐藏。处于当前工作的图层，图层缩略图周围呈彩色。

（4）【添加图层样式】：单击该按钮，可以在下拉菜单中选择要为该图层应用的图层样式。

（5）【图层蒙版】：选择图层后，单击此按钮，可以在下拉菜单中选择要为该图层应用的图层样式。

（6）【创建新的填充或调整图层】：单击该按钮，可以在下拉菜单中选择创建新的填充或调整图层。

（7）【创建新的图层组】：单击该按钮，可以新建图层组。

（8）【创建新的图层】：单击该按钮，可以新建图层。

（9）【删除图层】：单击该按钮，可以删除当前图层或图层组。

2. 图层混合模式介绍。图层混合模式决定当前图层中的像素与下一图层像素的混合方式，通过设置不同的混合模式，可以得到意想不到的特殊效果。单击混合模式右边的按钮，可以弹出所有混合模式的名称，只要在选择的混合模式上单击就可以应用该模式，包括正常、溶解、变暗、正片叠底、颜色加深、线性加深、深色、变亮、滤色、颜色减淡、线性减淡（添加）、浅色、叠加、柔光、强光、亮光、线性光、点光、实色混合、差值、排除、色相、饱和度、颜色、明度等。

（1）不依赖其他突出的模式。【正常】：是系统默认的混合模式，混合效果与不透明度的设置有关，只有不透明度小于100%时，才能实现简单的图层混合。【溶解】：当不透明度为100%时，该选项不起作用；只有透明度小于100%时，该模式从上层中随机抽取一些像素作为透明，使其可以看到下层，随着上层透明度越低，可看到的下层区域越多。

（2）使底层图像变暗的模式。【变暗】：选择两格图层中较暗的颜色作为结果色。变暗模式将导致比基色更淡的颜色从混合图像中被去掉。【正片叠底】：基色与混合色符合，结果色总是较暗的颜色，任何颜色与黑色符合产生黑色，任何颜色与白色符合保持不变。【颜色加深】：混合色越暗，则基色获取的光越少；如果混合色为全黑色，则基色越黑；如果混合色为全白色，则根本不会影响基色。【线性加深】：如果上下层的像素值之和小于255，输出结果将会是纯黑色。

（3）使底层图像变亮的模式。【变亮】：系统会选择基色和混合色中较亮的颜色作为结果色；比混合色暗的像素将被基色替换，比混合色亮的保持不变。【滤色】：它将基色与混合色结合起来产生比两种颜色都浅的第三种颜色。【颜色减淡】：如果上层越亮，下层获取的光线越多，也就越亮；如果上层是纯黑色，也就没有亮度，则根本不会影响下层；如果上层是纯白色，则全部为白色。【线性减淡】：该模式将上下层的色彩值相加，结果将更亮。

（4）增强底层图像的对比度。使用【叠加】【柔光】【强光】【亮光】【线性光】【点光】【实色混合】模式时，任何暗于50%灰度的区域都可能使下面的图像变暗，而亮于50%的区域则可能加亮下面的图像。

（5）比较上层与底层的图层。【差值】和【排除】模式是将上层的图像和下层的图像进行比较，寻找二者完全相同的区域。

（6）把一定量的上层应用到底层图像中。【色相】【饱和度】【颜色】【亮度】模式只是将上层图像中一种或两种特性应用到下层图像中。如【色相】输出图像的色调为上层，饱和度和亮度保持为下层，【饱和度】输入图像的饱和度为上层，色调和亮度保持为下层。

二、实训内容

1. 使用图层的【混合模式】→【滤色】命令提高图像的亮度；
2. 使用【调整图层】调整偏色照片。

三、实训器材

Photoshop CS3 的图层命令。

四、实训步骤与方法

（一）使用图层的【混合模式】→【滤色】命令提高图像的亮度

1. 选择菜单栏中的【文件】→【打开】命令，找到图像素材，将其【打开】。如图 3.2.2.2 所示。

2. 在图层面板上，用鼠标点击并拖动【背景】层至调板底部的【创建新图层】图标上，新建【背景副本】图层。如图 3.2.2.3 所示。

图 3.2.2.2　原图　　　　　　　图 3.2.2.3　创建背景副本

3. 在图层调板【混合模式】中选择【滤色】命令，如图 3.2.2.4 所示。

图 3.2.2.4 滤色效果

4. 如果画面还是不够亮，选择【背景副本】图层，重复第 2、3 步；如果画面变得太亮，减少不透明度，可以降低画面亮度。

5. 观察图像会发现，虽然图像变亮了，但面部出现了一定的偏色，有些泛黄。

6. 在图层调板底部点击【创建新的填充或调整图层】图表，在弹出的下拉列表中选择【可选颜色】。

7. 在弹出的【可选颜色选项】对话框中，将【颜色】选项设为"黄"，拖动"青色"滑标左拉至"–50"，"洋红"滑标左拉至"–50"，"黄色"滑标左拉至"–100"，【方法】选择"相对"，设置完成后，点击【确定】。

(二) 使用【调整图层】调整偏色照片

图 3.2.2.5 原图

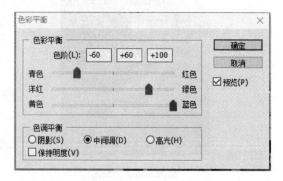

图 3.2.2.6 色彩平衡调节

图 3.2.2.7　拼合图像

图 3.2.2.8　效果图

1. 使用菜单栏中的【文件】→【打开】命令，找到图像，将其【打开】，根据主题，利用【裁剪】工具进行裁剪。如图 3.2.2.5 所示。

2. 在图层调板上，用鼠标点击并拖动【背景】层至调板底部的【创建新图层】图标，新建【背景副本】图层。

3. 在图层调板底部点击【创建新的填充或调整图层】图标，在弹出的下拉列表中选择【色彩平衡】。在弹出的【色彩平衡】对话框中，拖动"青色—红色"至"-60"；拖动"洋红—绿色"至"+60"，拖动"黄色—蓝色"至"+100"，【色调平衡】选择"中间调"，不勾选【保持明度】，如图 3.2.2.6 所示。设置完成后，点击【确定】。

4. 再次点击【创建新的填充或调整图层】图标，在弹出的下拉列表中选择【色彩平衡1】。在弹出的【色彩平衡】对话框中，拖动"洋红—绿色"滑标右拉至"+39"；拖动"黄色—蓝色"滑标右拉至"+100"。不勾选【保持明度】，【色调平衡】选择"中间调"。设置完成后，点击【确定】。

5. 在图层底部点击【创建新的填充或调整图层】图表，在弹出的下拉列表中选择【可选颜色】命令。

6. 在弹出的【可选颜色选项】对话框中，将【颜色】选项设为"红色"，拖动"洋红"滑标左拉至"-20"，拖动"黄色"滑标左拉至"-30"，【方法】选择"绝对"。再次选择【颜色】选项，设为"黄色"，拖动"洋红"滑标左拉至"-10"，拖动"黄色"滑标左拉至"-90"。设置完成后，点击【确定】。

7. 在当前图层上右击，在下拉菜单中选择【拼合图层】。如图 3.2.2.7。最后，在【菜单栏】→【存储为】，存在对话框【保存位置】，【文件格式】选择"JPEG"，点击【保存】，效果如图 3.2.2.8。

五、实训练习

尝试用图层命令对照片进行明暗处理。

实训内容三　了解 Photoshop 软件的通道命令

一、实训工作原理

通道是选择区域的映射，具有存储图像的色彩资料、存储和创建选区以及抠图的功能。通道能将白色部分创建为选区，回到图层，就可以对选区进行编辑修改，而黑色则为没有选中的部分。通道的另一个主要功能是用于同图像层计算合成，从而生成许多不可思议的效果。

（一）通道的分类

1. 颜色通道：当打开图像时，通道调板会自动创建关于该颜色模式的颜色通道。RGB模式有 3 个颜色通道，CMYK 模式有 4 个颜色通道等。颜色通道包含复合通道和单色通道。

2. 复合通道：指单色通道颜色共同组成的通道。

3. 单色通道：指单独表达某一种单一色彩的颜色通道。

4. 专色通道：指用于专色油墨印刷的附加印版。

5. Alpha 通道：指可以将选取存储为灰度图像。

（二）通道调板

选择菜单栏中的【窗口】→【通道】命令，打开通道调板。具体参数如图 3.2.3.1。

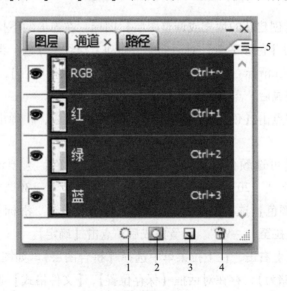

图 3.2.3.1　通道调板

1. 【将通道作为选区载入】：单击该按钮，可以调出通道中颜色较淡部分的选区。

2. 【将选区存储为通道】：单击该按钮，可以将当前选区存储到新建的 Alpha 通道。

3. 【创建新通道】：单击该按钮，可以新建一个 Alpha 通道，按住 Alt 键单击该按钮，可以打开新建通道对话框，设置相关参数。

4. 【删除通道】：单击该按钮，可以删除当前通道。

5. 【弹出菜单】：单击该按钮，可以打开通道调板的弹出菜单。

二、实训内容

1. 黑色文字与红色印章的分离（保留文字）；
2. 红色印章与黑色文字的分离（保留印章）。

三、实训器材

台式电脑、Photoshop CS3。

四、实训步骤与方法

（一）分离黑色文字与红色印章（保留文字）

1. 选择菜单栏中的【文件】→【打开】命令，找到图像素材，将其【打开】。如图 3.2.3.2。

2. 打开通道调板，可见在"红"通道中，红色的印章印文被过滤掉了，只剩下具有黑白反差的黑色文字。

3. 点击通道面板右上角的【弹出菜单】按钮，选择【分离通道】命令。如图 3.2.3.3。

4. 选择分离的红通道图像。切换到图层调板，用鼠标点击并拖动【背景】层至调板底部的【创建新图层】图标上，新建【背景副本】图层，在图层调板【混合模式】中选择【叠加】命令，如图 3.2.3.4 所示。

图 3.2.3.2　原图　　　　　图 3.2.3.3　分离通道　　　　图 3.2.3.4　叠加图层

5. 按 Ctrl + Shift + Alt + E 新建一个盖印图层，会显示为"图层 1"。

6. 用鼠标点击并拖动"图层 1"至调板底部的【创建新图层】图标上，产生"图层 1 副本"。将【混合模式】选为"线性加深"，如图 3.2.3.5 所示。

7. 在当前图层上右击，在下拉菜单中选择【拼合图层】。

8. 最后，选择【文件】→【存储为】，制定【保存位置】，【文件格式】为"JPEG"。然后点击【保存】，在随后弹出的【JPEG 选项】对话框中，将品质设为【最佳】，文件大小为"12"，然后点击【确定】即可。效果如图 3.2.3.6 所示。

图 3.2.3.5　创建新图层　　　　　图 3.2.3.6　保留文字效果图

（二）分离红色印章与黑色文字（保留印章）

1. 选择菜单栏中【文件】→【打开】命令，找到图像素材，将其【打开】。

2. 选择【菜单栏】→【图像】→【模式】→【Lab 颜色】命令，将图像色彩模式由 RGB 转变为 Lab。

3. 打开通道调板，隐藏"明度"通道，可见黑色文字被过滤掉，只剩下红色的印章印文。

4. 利用"导航器"将图像满屏显示。

5. 参照实训项目三·实训任务一中"实例 2——制作截屏图像"的方法步骤，制作一张截屏图像，再将印章印文部分裁剪出来，这样可获得"a""b"两通道锁组成的 JPEG 格式的图像。

6. 切换到图层调板，用鼠标点击并拖动【图层 1】至调板底部的【创建新图层】图表上，新建【图层 1 副本】图层。在图层调板【混合模式】中选择【颜色减淡】命令

7. 按住 Ctrl + Shift + Alt + E 新建一个盖印图层，会显示为"图层 2"。

8. 用鼠标点击并拖动"图层 2"至调板底部的【创建新图层】图表上，产生"图层 2 副本"。将【混合模式】选为"亮光"。

9. 按住 Ctrl + Shift + Alt + E 再新建一个盖印图层。会显示"图层 3"。用鼠标点击并拖动"图层 3"至调板底部的【创建新图层】图表上，产生"图层 3 副本"。将【混合模式】选为"正片叠底"。

10. 在当前图层上右击，选择【拼合图像】。最后按前文所讲保存步骤进行保存。

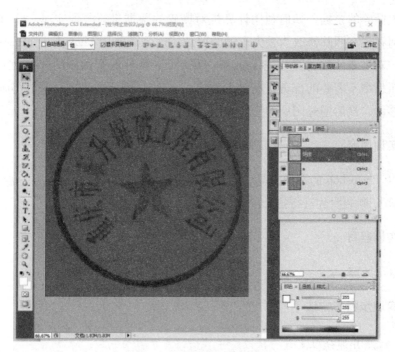

图 3.2.3.7　保留印章效果图

五、实训练习

1. 分离黑色文字与红色印章（保留黑色文字）；
2. 分离黑色文字与红色印章（保留红色印章）。

实训任务三　掌握 PhotoShop 在刑事图像
处理中的综合应用

实训内容一　掌握对照片进行处理

一、实训原理分析

实践中常常遇到缺少目标图像的情景，在某盗窃案件中，有一辆白色摩托车丢失，现需要到公安网"被盗抢机动车辆"上进行刊登，由于摩托车已经丢失并且没有车辆照片，现在有白色摩托车和黑色摩托车照片两张。但丢失的摩托车又与本照片中的摩托车部分有所不符，丢失的摩托车是白色车体、黑色工具箱。又如在办理案件时还常常会遇到被撕碎的票据，如何利用计算机对撕碎的票据进行复原也是一个非常重要的应用。如何将现有照片修改为丢失车辆的照片，这就需要用 Photoshop 的选择工具、移动工具等，对需要修改的部分进行处理。Photoshop 软件的魔术棒的选择功能和清除功能，能对照片中不需要的部分进行清除处理。同时，利用移动工具等能将不同图层的图像进行移动，最后通过图层的合并功能，实现多张图像的拼合。

二、实训内容

1. 利用 Photoshop 的选择工具、移动工具等对照片进行修改处理；
2. 对多张撕裂照片进行拼合。

三、实训器材

Photoshop CS3。

四、实训步骤与方法

（一）对照片部分位置进行修改

1. 打开黑色摩托车的图像文件。单击【文件】→【打开】选项，选取相应黑色摩托车图像文件，单击【打开】按钮，如图 3.3.1.1 所示。

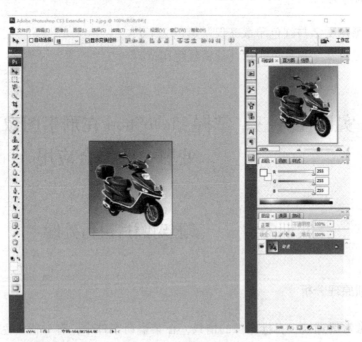

图 3.3.1.1 打开原图

2. 利用【工具箱】→【缩放工具】把黑色摩托车工具箱部分放大到足够大。

3. 利用【工具箱】→【套锁工具】→【磁性套锁工具】选取摩托车工具箱部分。移动鼠标到图像中的工具箱边缘，单击鼠标，沿工具箱边缘缓慢移动鼠标并单击鼠标，当绕工具箱一圈时，单击鼠标，这样就形成了一个类似工具箱形状的选区。然后选择菜单栏中【移动】→【变换选区】选项，将选区调整到工具箱大小，如图所示，然后选择【移动工具】，如图 3.3.1.2。

图 3.3.1.2　选取工具箱部分

3. 选择【编辑】→【拷贝】选项，使工具箱图像存放到剪贴板中。

4. 打开白色摩托车的图像文件。单击【文件】→【打开】选项，选取相应白色摩托车图像文件，单击【打开】按钮。

5. 选择【编辑】→【粘贴】选项，使剪贴板中黑色工具箱图像粘贴到白色摩托车图像中，这时将会看到图层面板中多了一个黑色工具箱图层，如图 3.3.1.3 所示。

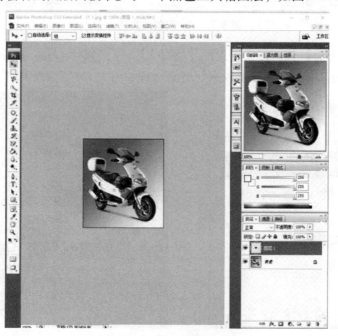

图 3.3.1.3　粘贴白色工具箱

6. 在图层中选择黑色工具箱图层，然后选择【工具箱】→【移动工具】选项，在图像中移动鼠标，使黑色工具箱移动到白色摩托车中的适当位置，这样就形成了丢失摩托车的图像，调整图层大小使其完全覆盖白色工具箱。此时再选择【移动工具】。会弹出来应用窗口，选择【应用】，如图 3.3.1.4。

图 3. 3. 1. 4   调整工具箱大小

7. 找到【图层】控制面板，找到【图层 1】。单击鼠标右键，选择【合并图层】，得到效果图，最后【保存】图像文件，处理过程如图 3.3.1.5，效果图如图 3.3.1.6。

图 3. 3. 1. 5   合并图层

图 3. 3. 1. 6   效果图

（二） 对多张撕裂照片进行拼合

1. 打开各个撕碎图像文件。单击【文件】→【打开】选项，找到撕损票据文件夹里需要拼合的票据，按住 Shift 键，选择所有需要拼合的照片。然后选择菜单栏【窗口】→【排列】→【水平平铺】，效果如图 3.3.1.7 所示。

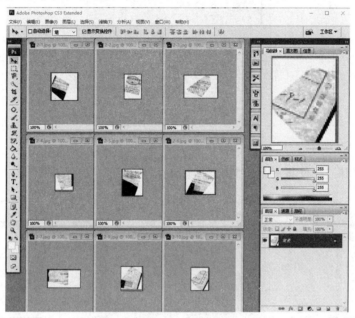

图 3.3.1.7 平铺多张图片

2. 对第一张票据碎片 A 进行白色和黑色底图的清除处理工作。选择票据碎片 A，然后在图层面板中选择本图层，双击本图层上的锁头图标，使图层解锁，接下来利用【工具箱】→【魔术棒工具】进行区域选择，如图 3.3.1.8 所示，然后利用【编辑】菜单中的【清除】选项，结果如图 3.3.1.9 所示。

图 3.3.1.8 解锁图层

图 3.3.1.9　消除多余效果

3. 重复步骤二，使每一个票据碎片都完成清除处理，效果如图 3.3.1.10 所示。

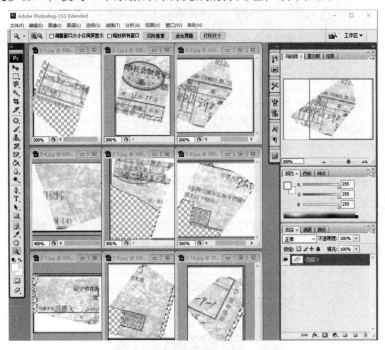

图 3.3.1.10　多张照片清除效果图

4. 新建一个足够大的底板文件，此处宽是 1340 像素、高是 1009 像素。

5. 把票据碎片 A 复制到底板文件里，然后选择【编辑】→【自由变换】选项，旋转图像到合适的位置。

6. 重复步骤五，使每一个票据碎片都复制到底板图像中并旋转排列到相应的位置，最后形成如图 3.3.1.11 的效果图。

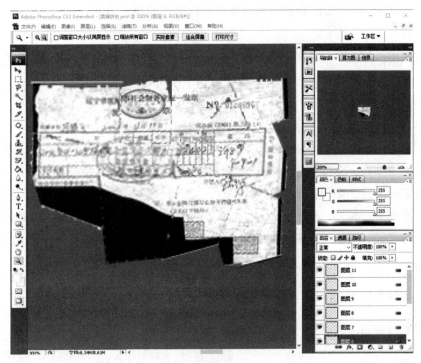

图 3. 3. 1. 11　拼合效果图

7. 对底板文件的若干图层进行合并，选择【图层】→【合并图层】选项，最后保存为如图 3. 3. 1. 12 的效果图。

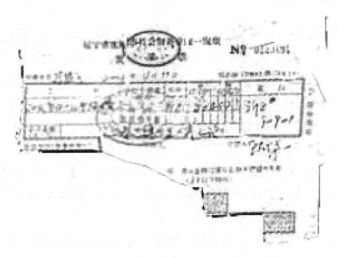

图 3. 3. 1. 12　保存效果图

五、实训练习

1. 利用 Photoshop 的魔术棒对照片进行修复；

2. 利用 Photoshop 磁性套索工具对照片进行选择变换。

实训内容二 掌握利用 Photoshop 制作标准刑事照相卷

一、实训原理分析

110 接到报警称，某大学校园内发现一名女尸，请求侦查人员赶赴现场进行处理。公安机关迅速反应，立即安排现场勘查的民警前往现场查明案情。勘查人员到达现场后，通过现场勘查，案件被认定为刑事案件，需要立即对发现尸体的场所进行现场照相，并制作刑事照相卷。利用 Photoshop 里常用的工具命令可以用来制作画幅，执行建立标尺、参考线、网格线、裁剪照片，制作标引线，文字编辑等功，这能帮助完成刑事照相卷的制作。

二、实训内容

利用 Photoshop 软件对室外犯罪现场拍摄的现场照片制作刑事照相卷。

三、实训器材

Photoshop CS3。

四、实训步骤与方法

1. 建立正页及粘贴模板（7 页折页，具体可以根据所需画幅来设定）。打开 Photoshop CS3，新建文件宽 130cm，高 29.7cm，分辨率 300 像素/英寸。在【视图】菜单中选【标尺】，选择工具栏【画笔】工具，将画笔粗细调到 21 号，不透明度设为 60%，在 21cm 处点击鼠标左键，按住 Shift 键画第一条暗线，之后用同样的方法在 39.2cm、57.4cm、75.6cm、93.8cm、112cm 画垂直分页暗线，并在上边缘 2cm，下边缘 1cm 画水平暗线，灰色。

2. 建立参考线。在"视图"菜单中选"新建参考线"，距上缘 3.7cm，下缘 3.5cm，建水平参考线。正页左缘 2.8cm，右缘 2.6cm，折页分界线 2.6cm，边缘线 2.6cm，建垂直参考线。效果如图 3.3.2.1 所示。

3. 照片预处理。直接反映现场方位、概貌、重点部位的主要照片和重要细目照片，尺寸为 127mm×203mm 或 89mm×127mm 左右。辅助反映现场局部场景、特写的照片，尺寸为 89mm×127mm 或 63mm×89mm 左右。直接反映痕迹物证的照片，应按比例尺放大。指纹放大 3 倍，掌纹放原大，足迹放大 0.5 倍，弹底痕迹放大 4 倍，弹头痕迹放大 10 倍（彩色扩印的痕迹物证照片的放大倍率，应尽可能与上述要求一致）。其他痕迹物证照片的放大倍率，以清晰反映形象和特征为前提，一般应在 63mm×89mm 或

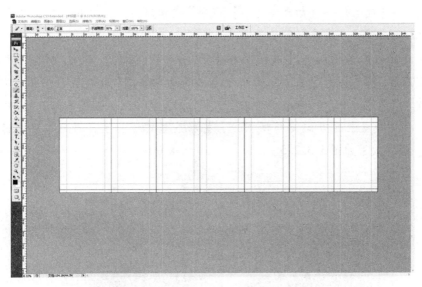

图 3.3.2.1　新建 7 页 A4 纸大小的画幅

89mm×127mm 左右。连接后的照片宽度为 60mm—90mm，长度为 150mm—300mm。拼接照片宽度不小于 89mm、长度不大于 305mm。

实例——指印比例照片的处理

(1) 选择菜单栏中【文件】→【打开】命令，将待处理的图像素材，【打开】。如图 3.3.2.2。

(2) 使用【工具箱】→【裁剪】，在属性栏将【宽度】设为"8.9cm"，【高度】设为"12.7cm"，分辨率设为"300 像素/英寸"。将需要的内容进行裁剪，使指纹长度不超过画幅的 1/2，如图 3.3.2.3。

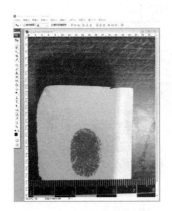

图 3.3.2.2　打开图像素材

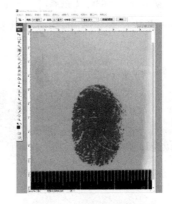

图 3.3.2.3　裁剪图像素材

(3) 将图像窗口和工作页面最大化显示，在背景图层上双击，弹出【新建图层】对话框，点击【确定】，将原【背景】层转变为【图层 0】。

(4) 选择【菜单栏】→【视图】→【标尺】命令，在图像窗口中显示标尺。选择

【菜单栏】→【视图】→【新建参考线】命令。在弹出的对话框中，选择"垂直"，位置"3cm"点击确定；再建一条参考线，选择"垂直"，位置"6cm"。

（5）选择【菜单栏】→【编辑】→【变换】→【缩放】命令，此时图像上常出现 8 个小方框，将鼠标移至右上角的小方框，按住 Shift 键同时拖动小方框，可将画面等比例放大，直到比例尺"1cm"刻度与参考下的宽度一致。如图 3.3.2.4。

（6）使用键盘上的方向键移动指纹，将指纹居中于画面，最后，点击键盘上的"Enter"，最终效果如图 3.3.2.5。

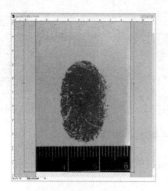
图 3.3.2.4 比例尺校准

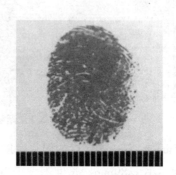
3.3.2.5 放大指纹效果图

4. 照片排版。将现场方位照、现场概貌照、现场重点照、现场细目照放入画幅中进行排版。利用"视图"菜单中"显示"中的"网格"精确定位。

5. 画标引线。利用画笔工具，将画笔颜色选为红色，对所需要标引的地方进行标引。

6. 编辑文字。利用工具栏【横排文字工具】对每张照片进行文字说明。

7. 取消参考线。模拟【视图】→【清除参考线】。

实例——西大"5.20"凶杀案现场照片图

图 3.3.2.6 刑事现场照相卷样例

五、实训练习

模拟一个室内犯罪案件现场，拍摄一套现场照片，采用 Photoshop 制作一套室内犯罪现场照片卷。

实训任务四　掌握模糊图像处理软件处理照片

实训内容　掌握模糊图像处理的基础功能及应用

一、实训原理分析

本部分将利用神博模糊图像处理系统对刑事侦查过程中刑事照相的图片进行处理。神博模糊图像处理系统主要能够对图片的亮度、对比度、色阶、饱和度等方面进行直方图调整，拥有多种双线性插值算法、超分辨率、最近邻插值法、像素面积相关重采样插值等多种放大方法，以及均值去噪、中值去噪、高斯去噪、频率域去噪、傅里叶去噪、小波去噪、偏微分去噪、平均帧等多种图像去噪功能，还可以对运动模糊方向及尺度、散焦模糊尺度等进行半自动判断并修正等，从而实现对图片的增强、去噪、去模糊等处理。

二、实训内容

1. 对图片的几何变换；
2. 对图像进行转换；
3. 对比度增强；
4. 去噪；
5. 超分辨率；
6. 颜色通道处理；
7. 文检；
8. 模糊图像增强。

三、实训器材

台式电脑、神博模糊图像处理系统。

四、实训步骤与方法

（一）对图像的几何变换处理

1. 打开电脑桌面上的神博模糊图像处理系统，如图 3.4.1.1，将弹出该软件的工作界面。选择【菜单栏】→【几何变换】→【鱼眼自动校正】功能，系统会自动对鱼眼图片进行处理，前后效果如图3.4.1.2、图3.4.1.3所示。同样的步骤，选择【镜像】→【上下镜像】／【左右镜像】则会获得如图3.4.1.4、图3.4.1.5的镜像效果。

图3.4.1.1　打开图像处理系统

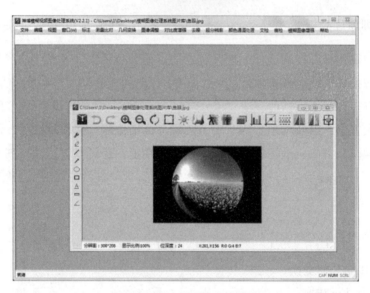

图3.4.1.2　处理前照片效果

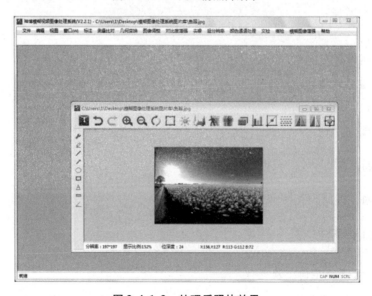

图3.4.1.3　处理后照片效果

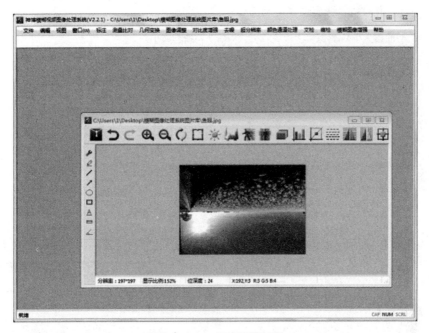

图 3.4.1.4　上下镜像效果

图 3.4.1.5　左右镜像效果

2. 选择【菜单栏】→【几何变换】→【调整图像大小】功能，通过设定比例和算法可以对图像进行大小调整，如图 3.4.1.6。选择【菜单栏】→【几何变换】→【旋转】功能，通过调整旋转角度，还可以将图像按指定角度进行旋转，如图 3.4.1.7。

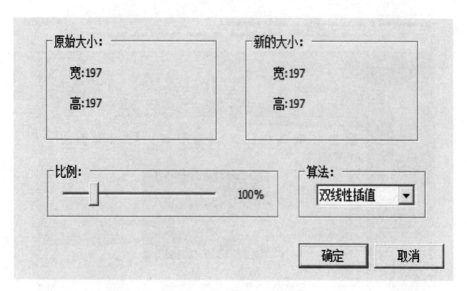

图 3.4.1.6 设置图像参数

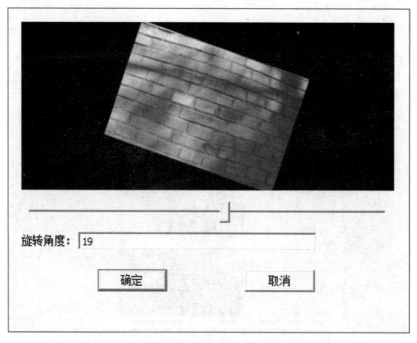

图 3.4.1.7 设置旋转角度

3. 选择【菜单栏】→【几何变换】→【透视校正】功能，使用鼠标左键连接矩形的左上角与右下角，使用右键连接左下角与右上角后点击【确定】，如图 3.4.1.8，可以对图像进行透视校正，从而改善因为拍摄角度所产生的图像失真。效果如图 3.4.1.9。选择【菜单栏】→【几何变换】→【仿射变换】功能，使用鼠标依次点击平行四边形的左上角右上角与左下角后，点击【确定】，如图 3.4.1.10，可以对图像进行透视校正。处理效果如图 3.4.1.11。

图 3.4.1.8　设置透视校正

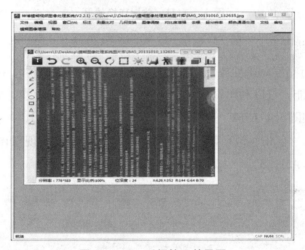

图 3.4.1.9　透视校正效果图

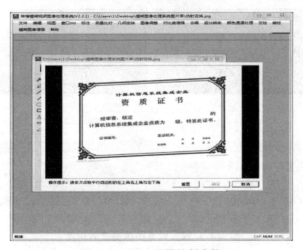

图 3.4.1.10　设置仿射变换

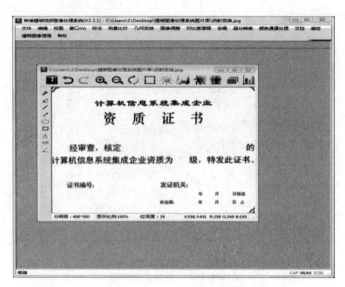

图 3.4.1.11　仿射变换效果

（二）对图像进行转换

1. 对图像进行亮度对比度或色彩饱和度处理。选择【菜单栏】→【图像转换】→【亮度对比度】功能，可以利用鼠标对亮度和对比度滑块进行调节，实现对图像亮度和对比度的处理。如图 3.4.1.12。选择【菜单栏】→【图像转换】→【色彩饱和度】功能，可以利用鼠标对色相、饱和度、明度的滑块进行调节，实现对图像色相饱和度的处理，效果如图 3.4.1.13。

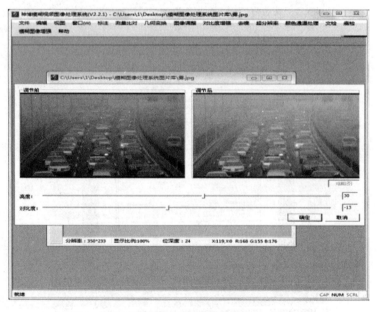

图 3.4.1.12　设置图像亮度对比度

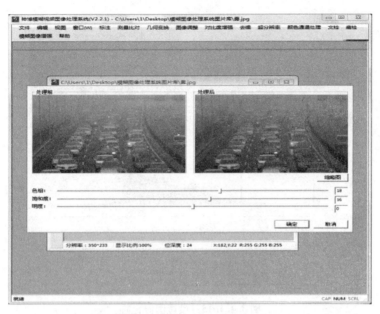

图 3.4.1.13　设置色彩饱和度

2. 对图像进行二值化和色阶的处理。选择【菜单栏】→【图像转换】→【二值化】功能，利用鼠标，对弹出的对话框里的灰度直方图的滑块进行左右调节，即可调整出每个像素不是黑就是白的效果，如图 3.4.1.14 所示。选择【菜单栏】→【图像转换】→【色阶】功能，利用鼠标对弹出的对话框里的【通道】／【高值】／【低值】进行调节，即可对图像的色阶进行调整，效果如图 3.4.1.15 所示。

图 3.4.1.14　设置图像二值化

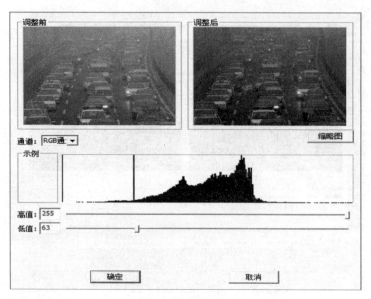

图 3.4.1.15 设置图像色阶

3. 对图像的伽马值和色彩平衡进行调整。选择【菜单栏】→【图像转换】→【伽马调整】功能，利用鼠标，对弹出的对话框里的伽马值图的滑块进行左右调节，可以利用伽马曲线优化调整，从而辅助亮度和对比度的调整。效果如图 3.4.1.16 所示。选择【菜单栏】→【图像转换】→【色彩平衡】功能，利用鼠标对弹出对话框的"青色—红色""洋红—绿色""黄色—蓝色"滑块进行调节，可以矫正图像色偏，在过饱和或饱和度不足的情况下，可以根据自己的喜好和制作需要，调制需要的色彩，获取更好的画面效果。效果如图 3.4.1.17 所示。同样的方法，还可以利用图像转换功能，对图像进行拉普拉斯锐化和 USM 锐化功能、图像分割和图像修复的处理，从而加强图像效果。

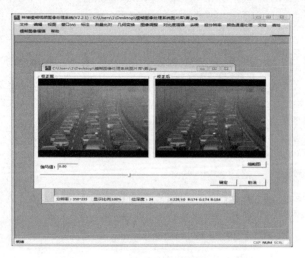

图 3.4.1.16 对图像进行伽马值调整

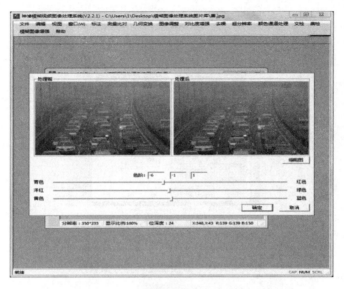

图 3.4.1.17 对图像进行色彩平衡调整

（三）对比度增强

1. 对图像进行去雾和直方图处理。选择【菜单栏】→【对比度增强】→【去雾】功能，利用鼠标对弹出的对话框里的块大小和阈值的滑块进行左右调节从而可以用于克服雨雾天气引起的图像不清晰的问题，尤其是在受雾影响较大的地方有明显效果。效果如图 3.4.1.18 所示。选择【菜单栏】→【对比度增强】→【直方图调整】功能，利用鼠标选择通道为 RGB 通道，然后在左下角的网格上选择一些点，通过调整曲线，可以实现对图像的明暗对比度进行调整，从而有效地显现图像中不明显的细节特征。效果如图 3.4.1.19 所示。

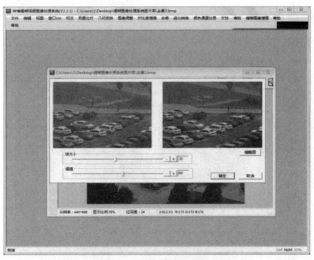

图 3.4.1.18 对图像去雾处理

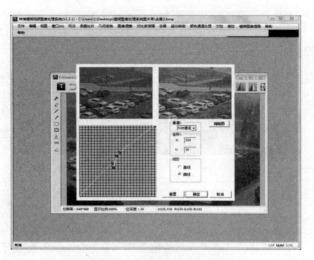

图 3.4.1.19　对图像进行直方图调整

2. 采用上面的步骤，选择【色感一致性增强】／【多尺度色感一致性增强】／【自适应色感一致性增强】等功能，也可以实现对图像的动态范围压缩、边缘增强和颜色恒常的处理，从而实现对图像的对比度增强。

（四）去噪

1. 去条纹噪声和中值滤波去噪。选择【菜单栏】→【去噪】→【去条纹噪声】→【去横向条纹】／【去纵向条纹】功能，利用鼠标对弹出的对话框里的窗口大小的滑块进行左右调节从而用于去除横向或纵向的周期噪声。效果如图 3.4.1.20 所示。选择【菜单栏】→【去噪】→【中值滤波】→"3×3"／"5×5"／"7×7"／"9×9"功能，可以去除图像中点状噪声，并能保持图像细节边缘不变。处理过程如图 3.4.1.21，效果如图 3.4.1.22 所示。

图 3.4.1.20　对图像去条纹噪声

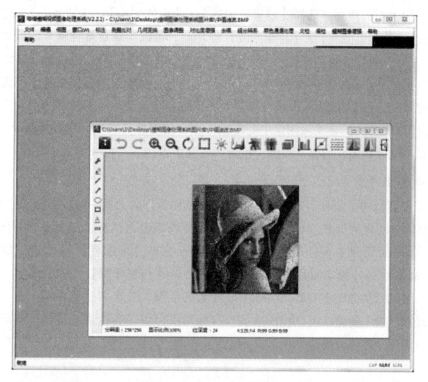

图 3.4.1.21 去除图像噪声

图 3.4.1.22 去除图像噪声效果图

2. 采用上面的步骤，选择【傅里叶去噪】/【小波去噪】/【偏微分去噪】/【频率域去噪】/【均值滤波】/【高斯滤波】等功能，可以实现对多种噪声的处理。其中【傅里叶去噪】通过滤除高频达到去噪的目的，【小波去噪】可以通过特征提取和低通滤波功能在去除噪声后保留图像特征，【偏微分去噪】有较强的图像边缘细节保护能力和较强的噪声滤除能力，【频率域去噪】是将图像转化为频率后滤除部分高频或低频从而去噪，【均值滤波】是滤除图像中的高频噪声，使图像具有更好的视觉效果，【高斯滤波】属于低通滤波，能够平滑噪声严重的视频图像。

（五）超分辨率

1. 基于目标物。超分辨率是利用低分辨率的图像序列合成一帧较高分辨率的图像，用来恢复部分图像的细节。对于目标物进行超分辨率融合，通过二次线性融合与凸集投影两种方法，可以实现提高对图像的分辨率。选择【菜单栏】→【超分辨率】→【基于目标物】→【添加图片】（连续帧 4 张）→【凸集投影】功能，如图 3.4.1.23 所示。利用鼠标左键点住不放，选择需要放大的区域，效果图就会在左上角出现，还可以对放大倍数、图像校正、校正系数、目标周围保留等参数进行设定，从而实现对目标物的处理，处理效果如图 3.4.1.24。

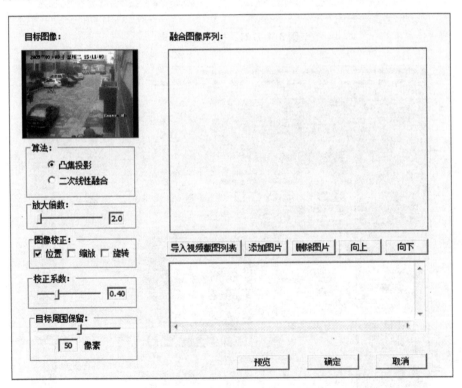

图 3.4.1.23　对图像基于目标物处理

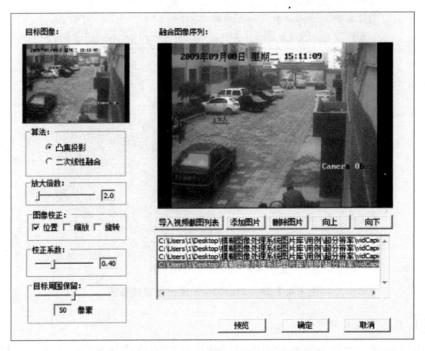

图 3.4.1.24　对图像基于目标物处理效果

2. 全帧输出。全帧输出是对全图进行超分辨率融合。选择【菜单栏】→【超分辨率】→【全帧输出】→【添加图片】（连续帧 2 张以上）功能，选择"算法""迭代次数""放大倍数"等，再用鼠标左键在图像上选择需要合成的区域，单击【确定】完成超分辨率的融合。处理过程如图 3.4.1.25，处理效果如图 3.4.1.26。

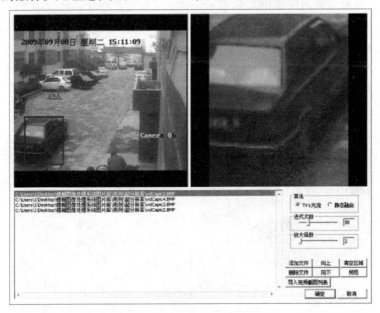

图 3.4.1.25　对图像全帧输出处理

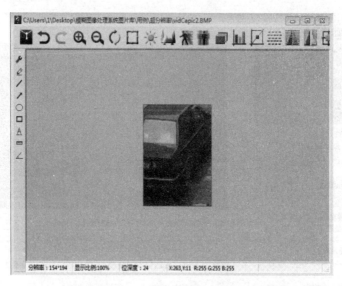

图 3.4.1.26　对图像全帧输出处理效果图

（六）颜色通道处理

　　按 RGB 分离。通道分离是对图像进行颜色通道的分离与合并。首先，【打开】需要处理的图像。然后，选择【菜单栏】→【颜色通道处理】会出现三个通道的图像，选择【窗口】→【排列】→【水平平铺】会呈现如图 3.4.1.27 的画面，最后选择需要的图像效果即可，效果如图 3.4.1.28。采用此方法可以对背景复杂的照片进行去背景处理。同样的方法，还可以采用按 HSV、YUV、LUV、XYZ、Lab、CMYK、CMY 等通道的分离，从而达到对图像的增强效果。

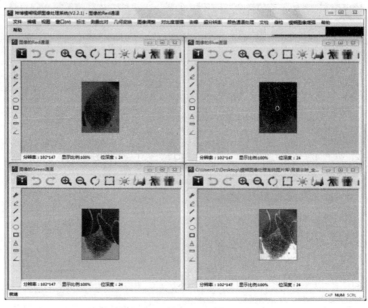

图 3.4.1.27　对图片按 RGB 分离处理

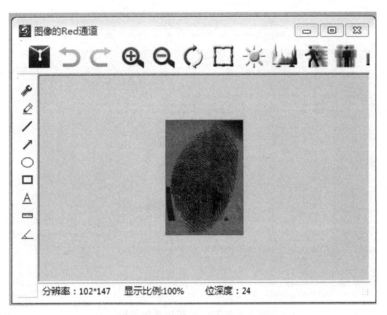

图 3.4.1.28 选择 RGB 分离效果图片

（七）痕文检验处理

1. 纹理对接。主要用于工具、枪弹等线痕检验。首先，【打开】需要处理的图像。然后，选择【菜单栏】→【痕检】→【纹理拼接】→【打开图二】，利用鼠标在左上角图像上点击选择一个拼接位置，会出现一条白线，又用鼠标在右上角图像上点击选择一个拼接位置，会出现一条白线，如图 3.4.1.29。此时左下角会出现一个曲线图，"相似度"数值越接近"1"，代表拼接效果最好。单击【拼接】输出两幅图像拼接后的效果，如图 3.4.1.30。

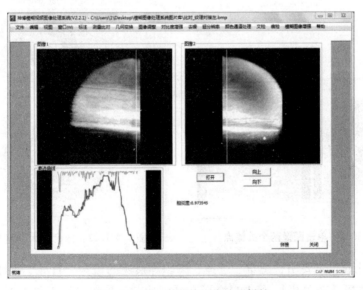

图 3.4.1.29 对图片进行纹理拼接

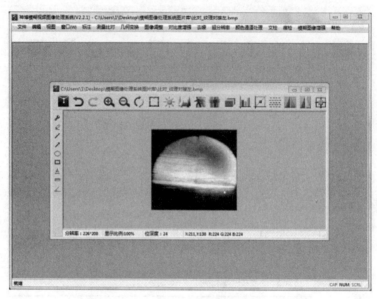

图 3. 4. 1. 30　纹理拼接效果图

2. 图像归一。通过对图像的角度和大小进行调整，从而获取所需大小和角度的图像。首先，【打开】需要处理的图像，选择【菜单栏】→【痕检】→【图像归一】→【打开图二】，然后在两幅图像上单击并拖动鼠标左键来连接两个关键点，如图3. 4. 1. 31。然后，单击【角度归一】或【大小归一】来完成角度或大小的归一化，最后得到效果图，图3. 4. 1. 32。

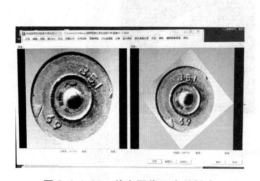

图 3. 4. 1. 31　单击图像两个关键点

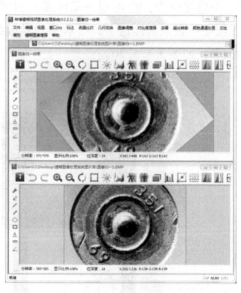

图 3. 4. 1. 32　角度、大小归一效果图

3. 重叠比对。主要用于图章、子弹、脚印等痕迹的检验。首先，【打开】需要处理的图像，选择【菜单栏】→【痕检】→【图像归一】→【打开图二】，此时，可以

上下、左右移动图像，移动幅度可以通过选择粗调或细调按钮调整，如图3.4.1.33。移动图像时，重叠后的两个物证图像效果显现在大方框里。当两图像完全重合时，图像区域呈黑色，反之，会有不规则图形出现，效果如图3.4.1.34。用上述方法，还可以对两份图像进行几何比对、特征比对、测量比对等检验处理。

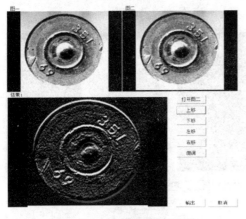

图3.4.1.33　图像归一调整

图3.4.1.34　图像重合效果图

4. 消除涂盖。主要用于文件检验过程中污损、添加、修改、涂改等文件的图片处理，以便更好地识别和辨读。首先，【打开】需要处理的图像，选择【菜单栏】→【文检】→【消除涂改】，然后利用鼠标对"色相""饱和度""亮度""对比度"等进行调节，从而恢复被涂盖的内容。处理过程如图3.4.1.35，效果图如图3.4.1.36。依照同样的方法，可以用【去朱存墨】【去墨存朱】【笔迹鉴别】等方法对图像进行处理，从而还原或加强需要的图像信息。

图3.4.1.35　对图像消除涂盖

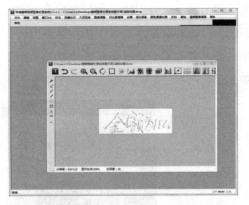

图3.4.1.36　消除涂盖效果图

5. 复杂背景去除。首先，【打开】需要处理的真彩色图像（不能对灰度图像进行处理），选择【菜单栏】→【文检】→【复杂背景】，用鼠标点击【选取颜色】，然后到图像背景进行选择，该颜色是需要被处理掉的颜色。再用鼠标点击【替换颜色】，再到图像选择一种颜色，该颜色是用来取代上一步被选的颜色，调节【容差】，反复多次，即可对背景图像进行处理，最后点击【确定】保存处理后的图像。处理过程如图3.4.1.37，处理效果如图3.4.1.38。同样的方法，还可以利用【红困层灰】【绿困层灰】【蓝困层灰】【红困层彩】【绿困层彩】【蓝困层彩】【部分红彩】【部分绿彩】【部分蓝彩】【青困层彩】【紫困层彩】【黄困层彩】等功能对真彩色图像文件进行色彩保留，从而对背景进行去除。

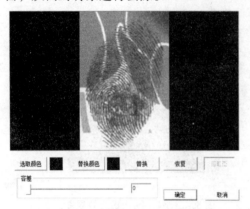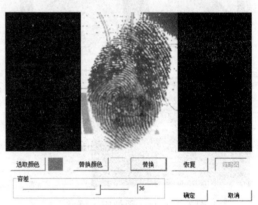

图3.4.1.37　复杂背景去除处理　　　　图3.4.1.38　复杂背景去除处理效果图

（八）模糊图像增强

1. 去运动模糊。主要用于对运动造成模糊的图像进行恢复。实践中对车牌的处理较多。首先，【打开】需要处理的图像，选择【菜单栏】→【模糊图像增强】→【去运动模糊（专业）】，在弹出的对话框里，使用鼠标调节运动方向使方向辅助中左图的灰色线段与图中最粗的白色线段平行。然后调节运动尺度与运算精度，得到满意效果后单击确定，输出结果。处理过程和处理效果如图3.4.1.39。如果采用【去运动模糊（快速）】，系统会自动调节运动方向，从而呈现出较好效果的图像，但是快速去运动模糊，需要在第一次处理效果中挑选最好效果的一张图，点击【下一步】，从而进一步自动去运动模糊，最后选择最好的一张，点击【选定】，输出结果。处理过程如图3.4.1.40。

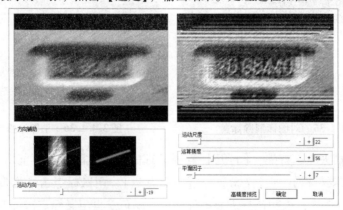

图3.4.1.39　去运动模糊处理

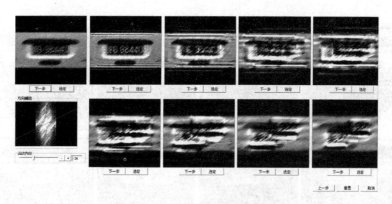

图 3.4.1.40　选定效果较好照片

2. 去散焦模糊。主要对拍照时调焦不实造成模糊的图像进行修复处理。首先,【打开】需要处理的图像,选择【菜单栏】→【模糊图像增强】→【镜头校正】,在弹出的对话框里,利用鼠标左右调节尺度与运算精度,得到满意效果后单击确定,输出处理后照片。处理过程与效果如图 3.4.1.41 所示。如果选择【去散焦模糊(快速)】,则不需要调节系数,只需要选择最清楚的图片。当系统自动完成第一次运算后,需要人工选择效果最好的一张图片,点击【下一步】,如图 3.4.1.42。第二次处理后,选择效果最好的一张图片,点击【选定】即可输出图片,处理过程如图 3.4.1.43。

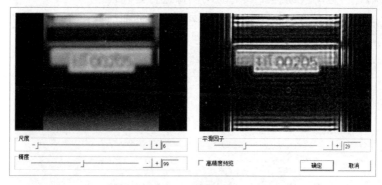

图 3.4.1.41　去散焦模糊处理

图 3.4.1.42　选定散焦模糊

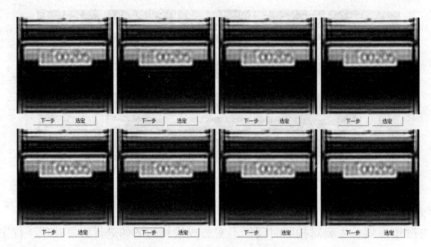

图 3.4.1.43　选定散焦模糊效果图

五、实训练习

1. 尝试用对比度增强工具对大雾图片进行处理;
2. 尝试用【去朱存墨】/【去墨存朱】工具对印章和笔迹印文进行处理;
3. 尝试用【去运动模糊】工具对运动图像进行处理;
4. 尝试用【去散焦模糊】工具对散焦图像进行处理。

实 训 项 目 四

制作现场照相卷（照相检验鉴定书）

★ 实训情境

经历过前期的实地现场拍照、物证拍照、特种照片以及对照片的处理，依照法律要求，需要编排一套完整的刑事现场照片卷或制定一份照片检验照相卷。这有利于后期侦查人员制作卷宗、提交证据，也有利于后期案件的分析和追诉。

根据《刑事照相制卷质量要求》（GA/T 118－2005）所规定的内容，将现场照片编排制作成一套系统、完整的，能全面而又重点突出地反映现场实际情况，能客观地揭露犯罪事实的现场照片案卷，能为诉讼活动提供重要依据。

根据公安部 1988 年 4 月 14 日通过的《刑事技术二级点的职责和技术人员的岗位责任制度》第 3 条的规定，用刑事照相技术独立检验的物证要制作照相检验鉴定书。制作照相检验鉴定书，是照相检验过程中的一个重要程序。

实训目的

1. 掌握现场照相卷的制作方法；
2. 掌握照片检验鉴定书的制作方法。

实训任务一　掌握制作现场照相卷的要求与方法

一、实训原理分析

刑事照相案卷构成主要包括封面、封二、案情简介、目次、正文（照片部分）。

正文部分是照片卷的主体，应包括如下内容：照片、标引、符号、代号、文字说明。

照片内容包括：在现场拍照的，与案件有关的一切场景和细目照片；从现场提取痕迹、物证，经过技术处理后拍照的照片；从电视屏幕拍照的现场录像画面的照片。

照片编排可由传统洗印照片按标准粘贴而成，也可由数码照相机拍照通过电脑编排按标准打印而成。

照片质量要求包括：照片上反映主题内容的景物与特征要清晰逼真，并有较大的景深范围；痕迹物证照片比例尺不应变形，按背书制作的照片比例要准确；除因检验鉴定需要增强或降低照片的反差外，黑白照片应反差适中、层次丰富；除因检验鉴定需要调整照片的色差外，彩色照片的色彩校正应接近实际颜色，不应有明显的偏色；连接照片衔接部位的放大倍率，密度、反差、影调、色彩应一致。对接线要避开画面重要部位或尸体；照片一律用光面相纸制作。照片要平展、清洁，不应有较明显的划痕、白点、斑渍；照片一律不留白边，也不应裁切花边。

照片规格尺寸包括：照片的几何形状应以横幅矩形为主，竖幅矩形不宜过多。也可配少量方形或圆形，但不宜有菱形、三角形等其他几何形状，更不应只剪留主体而不要背景；照片的长宽比例应在 8∶5 左右。必要时，可根据画面主体形状和版面组合要求进行裁剪；照片的尺寸应根据画面内容和组合编排需要决定。

二、实训内容

选择模拟现场照相实训课拍摄的任何一组现场照相的图片进行编排，制成一套完整的案卷。具体包括以下几个方面：

1. 封面的制作；
2. 封二的制作；
3. 案情简介的制作；
4. 目次的制作；
5. 正文的制作；
6. 打印；
7. 装订。

三、实训器材

台式电脑、U 盘。

四、实训步骤与方法

（一）封面的制作

封面的内容包括：照片卷编号、份号、密级、案卷题名、制作机关和制作时间。格式如图 4.1.1.1。

（1）案卷编号：如（ ）表示年份，号是编号。

（2）份号：写当前的份号。

（3）密级：一般案件的密级为秘密，重特大案件为机密，涉外、政治、军事案卷为绝密。

（4）案卷题名：应包括案件发生地域，如××市××区。案件名称：如××被杀案。案卷名称应与现场勘查笔录、现场图的案件名称一致，一般应包括被侵害对象及侵害结果。

（5）案件内容：现场照片（或检验照片、××证据照片）。

（6）制作机关：××市××分局。

（7）制作时间：大写，不是拍摄时间。

单位为mm

密级：

（79）公刑现照字第 46 号
份号：　　　04

×××市××区
×××、××母女被杀案

现 场 照 片

××市××分局
一九七九年六月十四日

297

210

图 4.1.1.1　封面格式

（二）封二制作的要点

封二的内容应包括：现场地点，案件名称，案件性质，发案时间，拍照时间，拍照人，制卷单位，制卷人，审签人，生效标识域，案卷页数、卷内照片张数、案卷份数，格式如图4.1.1.2。

单位为mm

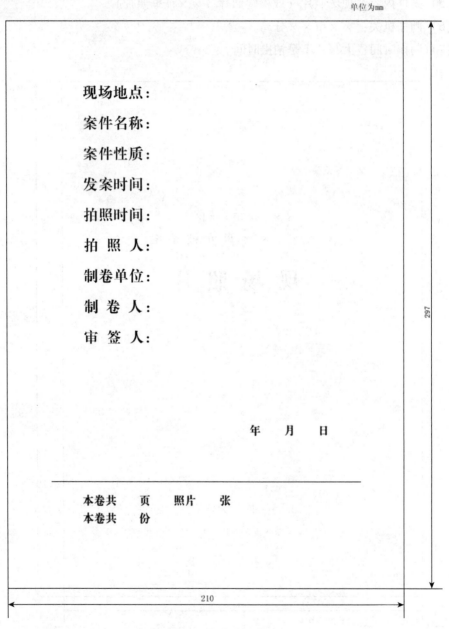

图 4.1.1.2　封二格式

（1）现场地名：具体到户。

（2）案件名称：与封面一致。

（3）案件性质：杀人案、盗窃案、纵火案、投毒案等。

（4）发案时间：一般到日，大写。

（5）拍照时间：一般具体到分，日期大写，时间小写。

（6）拍照人：×××。

（7）制卷单位：××市××分局技术大队。

（8）制卷人：×××。

（9）审签人：×××（照片卷制成后，要经参与现场勘验的有关专业人员审查）。

（10）生效标识域：签字盖章的日期，大写（照片卷发出前，要由现场勘验指挥人或本级公安机关刑侦部门负责人签发，并在封二的生效标识域加盖公章）。

（11）案卷页数：本卷共××页（从案情简介算起）；本卷照片共××张（必须准确）；本卷共××份（必须准确）。

（三）案情简介

案情简介的内容应包括：报案时间，案卷发生或发现时间、地点、经过情况及被害人的姓名、职业、住址。案情简介的内容要通俗易懂，文字要简练准确。

模板： 1996 年 8 月 8 日 18 点 50 分，铁岭市公安局刑警支队值班员高××接开原市公安局刑警大队大队长王×的报案电话，王×称开原市城郊乡小就社村村民李×× 一家三口被杀，请求市局出现场。接到报案后，市公安局副局长张××、刑警支队长樊××率领技术人员 6 人于 20 时 15 分到达现场。

（四）目次

段落层次较多的照片卷应编写目次。目次内容应包括各段落层次的标题和所在页码，标题和页码之间用"……"连接。

模板：

例 1：

1. 第一现场 ……………………………………………………………… （4）

2. 第二现场 ……………………………………………………………… （8）

3. 第三现场 ……………………………………………………………… （10）

例 2：

1. 现场情况 ……………………………………………………………… （4）

2. 尸体衣着 ……………………………………………………………… （7）

3. 尸体损失 ……………………………………………………………… （9）

例 3：

1. 李××家的地点和位置 ……………………………………………… （2）

2. 厅内景 ………………………………………………………………… （4）

3. 两侧仓库 ……………………………………………………………… （6）

4. 厨房情况 ·· (7)

5. 卧室内景 ·· (8)

6. 尸体状况 ·· (9)

（五）正文的制作

1. 挑选照片。将所拍摄的现场照片导入电脑，打开文件夹。编排前，应对照片进行挑选。与案件无关的照片或虽与案件有关，但画面内容不能反映所要表现主题的照片应剔除。数张照片反映主题内容相同或相近时，应选取其中一张。

2. 编排照片。以系统连贯、直观简明地表述案件现场整体景况为原则。简单现场一般是按照现场照相的内容进行排列，需标引定位的细目照片，要与防伪、概貌和重点部位照片相互呼应，不得在案卷中孤立存在。复杂现场，拍摄内容较多的，可按照片的内容类别分层次编排。现场范围大，涉及处所和细目内容多的，可按发现犯罪的第一现场、第二现场……划分段落，划分层次，以清晰反映案件发生地点、案件性质、作案过程、犯罪手段、侵害对象、造成的后果、痕迹、物证所在部位与特征为主旨。照片的编排要重点突出、层次分明、步步深入、不断展开，格式如图4.1.1.3。

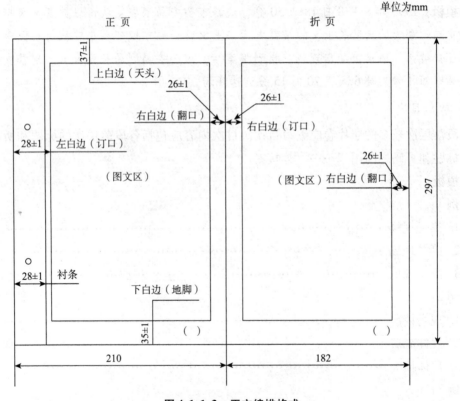

图 4.1.1.3　正文编排格式

3. 裁剪照片尺寸。根据下面的标准裁剪照片。

（1）属于主要画面的方位、概貌、重点部位照片，和直接反映案件性质的重要细目照片，尺寸应为 127mm×203mm（5 英寸×8 英寸）或 89mm×127mm（3.5 英寸×5 英寸）左右。

（2）属于辅助画面的场景、特写照片，尺寸应在 89mm×127mm 或 63mm×89mm（2.5 英寸×3.5 英寸）左右。

（3）属于从属画面的痕迹物证照片，应按比例尺放大。指纹放大 3 倍，掌纹放大原大，足迹放大 0.5 倍，弹底痕迹放大 4 倍，弹头痕迹放大 10 倍。其他痕迹物证照片的放大倍率，以清晰反映形象和特征为前提，一般应在 63mm×89mm 或 89mm×127mm 左右。

（4）连接照片宽度不应小于 89mm，长度不应大于 305mm（12 英寸）。

4. 添加标引和符号、代号。

（1）添加标引线和符号、代号原则。凡主画面与若干附属画面组合在同一或相邻版面时，非经标引不能表达主题内容与位置关系的，则应标引。为了直接明了地在画面上标示现场、重点部位、细目或痕迹、物证特征的具体位置，以及现场方位、概貌照片的坐标方向，可使用符号、代号。

（2）添加标引线和符号、代号应注意的要求。标引线颜色以红色或黑色为宜，用色种类不应过多。标引线的线段指向要准确，不应离被标引位置太远，不应把线段画在较小的被标引对象上，如图 4.1.1.4。符号、代号可以设置为红色、黑色或白色。符号、代号要清晰，种类不宜繁杂。符号、代号标画的位置要准确。画面需要标注的符号、代号较多，或不宜在画面直接标注符号、代号时，应用标引线引至画面以外的图文区标注，如图 4.1.1.5。

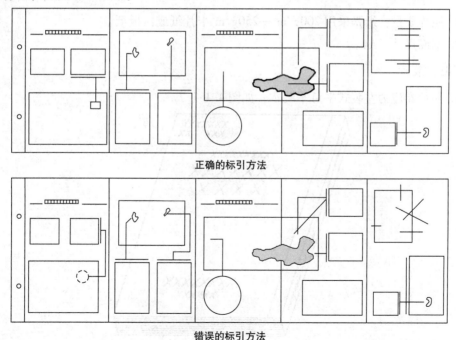

正确的标引方法

错误的标引方法

图 4.1.1.4　标引方法

⊗ ▪▪▪ (标示现场或现场中心所在部位)
△ ▲ ▪▪▪▪▪▪▪▪▪▪▪▪▪▪▪▪▪▪▪▪▪▪▪▪▪▪▪▪▪▪▪▪▪▪▪▪▪▪ (标示痕迹、物证所在部位)
⬠ ▲ ↑ ▪▪▪▪▪▪▪▪▪▪▪▪▪▪▪▪▪▪▪▪▪▪▪▪▪▪▪▪▪▪▪▪▪▪ (标示方向或痕迹、物证特征)
①②③ ▪▪▪▪▪▪▪▪▪▪▪▪▪▪▪▪▪▪▪▪▪▪▪▪▪▪▪▪▪▪▪▪▪▪▪ (标示物体、物证、痕迹)
○○○○ ▪▪▪▪▪▪▪▪▪▪▪▪▪▪▪▪▪▪▪▪▪▪▪▪▪▪▪▪▪▪▪ (标示类形相同的多处痕迹、物征)

图 4.1.1.5　符号、代号

5. 添加文字说明。添加文字可以使用固定添字或任意添字命令，一般添加在照片下方。添加文字应遵循以下规定：照片内容必须用文字表述的，应附注文字说明。经标引或附注图解后仍不能清楚准确说明照片内容时，应附注文字说明。凡在画面上标注符号、代号的照片，一般应对符号、代号所指内容附注文字说明。用相向、多向、十字交叉等方法拍摄的多张方位、概貌照片，和通过特种光源、技术手段显现拍摄的痕迹物证照片：要对拍摄方法、手段附注简略的文字说明。划分段落层次的照片卷，应在段落层次前附以概括内容的文字标题，如图4.1.1.6。

第一现场 ▪▪▪▪▪▪▪▪▪▪▪▪▪▪▪▪▪▪▪▪▪▪▪▪▪▪▪▪▪▪▪▪ (段落标题)

损伤部分 ▪▪▪▪▪▪▪▪▪▪▪▪▪▪▪▪▪▪▪▪▪▪▪▪▪▪▪▪▪▪▪▪▪▪ (层次标题)

张××被杀现场概貌 ▪▪▪▪▪▪▪▪▪▪▪▪▪▪▪▪▪▪▪▪▪▪▪ (主画面说明)

现场上遗留的弹壳 ▪▪▪▪▪▪▪▪▪▪▪▪▪▪▪▪▪▪▪▪▪▪▪▪▪▪▪▪ (从属画面说明)

⊗ 现场中心　　↑ 锁键上的附着物 ▪▪▪▪▪▪▪▪▪▪▪▪▪▪ (符号、代号说明)

图 4.1.1.6　文字说明

（六）打印

1. 照片质量：纸张采用200g/m²—250g/m²卡片纸或白板纸。

2. 幅面尺寸：A4。

（七）装订

1. 照片卷应为左装式平订平装本，如图4.1.1.7。

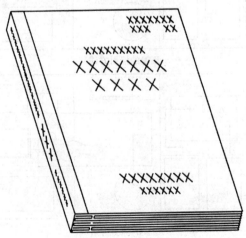

图 4.1.1.7　装订示意图

2. 分卷应分别装订。

3. 装订时要根据图文区厚度，在订口一侧夹加适当厚度的衬条。装订好的照片卷应牢固、整齐、清洁、平展。

五、实训练习

1. 模拟室外刑事犯罪现场，并进行刑事现场照相，将获得的照片制作成现场照片卷；

2. 模拟室内刑事犯罪现场，并进行刑事现场照相，将获得的照片制作成现场照片卷。

实训任务二　掌握制作照相检验鉴定书方法

一、实训原理分析

公安机关在侦办刑事案件时，现场的勘查取证是案件侦办的突破口。在对常规物证的勘查过程中只需要用现场照相的方法进行拍照提取，但实践中有时会遇到一些不清楚、看不见的物证，如真假人民币的照相、不同时期人像照相的同一认定照相、颅像重合的照相、利用红外线等特殊光源拍照复杂背景上的指印、被涂抹的文字物证等照相等，由于特殊的检验要求和背景客体影响了物证的提取方法的不同，有时采取采用照相检验鉴定的方法辨识物证。照相检验鉴定书根据不同的情况有不同的形式。当有检材和样本时，能进行同一认定，可以出具刑事（特种）照相检验鉴定书或颅像重合照相检验鉴定书。当只有检材，没有样本时，如采用红外照相技术显现记录棉手套上遗留的看不见的蓝色墨水字迹等，需要用照相的方法来显示遗留在检材上的人眼看不清或看不见的痕迹。此时根据意见是否确定可以分为刑事照相检验鉴定报告或刑事照相检验意见书。

二、实训内容

1. 掌握照相检验的基本方法；
2. 掌握照相检验鉴定书的基本格式和内容。

三、实训器材

Word、Photoshop 软件。

四、实训步骤与方法

1. 明确检验的基本要求：例如对亲临现场提取的痕迹物证要按照侦查人员的要求和技术条件，尽力解决各种有利于侦查破案的检验问题。对于委托照相检验的材料，需要履行受理手续；对委托复核检验，应要求送检人提供初始原检验结论或意见和要求复核解决的某些问题；查验检材有无检验条件，核对其名称、种类和数量。

2. 认真检验，正确判断。对于常规检验，要对检材或样本分别进行观察研究，注意发现差异，对细微部位要进行物证记录照相，供比较检验或对比分析使用。对于特种照相，要对检验条件、方法、结果进行详细记录。同时对细节特征的形态、位置、质量进行分析，先比对种类特征，后比对细节特征。最后综合评断，得出检验结论。

3. 制作照相检验鉴定书。鉴定书的文字部分，详细记录检验的程序、方法和结论，阐明结论的依据。文字部分的主要内容包括标题、正文（绪论部分、检验部分、论证部分、结论部分）、落款等。鉴定书的照片部分，一种是既有检材照片又有样本照片，需要标注检材在现场所在位置照片、检材和样本的全貌照片、特征比对照片。另一种是只有检材照片，则需要注明检材在现场所在的位置照片、检材在普通光线下的照片和经照相检验发现检材特征的照片。

鉴定书实例：

照相检验鉴定报告

一　绪论

1. 委托单位：

2. 送检人：

3. 受理日期：20××年××月××日

4. 案情摘要：20××年××月××日，××市公安局××分局通知持公函送来《"10.11"故意伤害案件》中提取到的钱币一张，要求检验该钱币是否为真币。

5. 检材和样本：现场提取的钱币一张。

6. 鉴定要求：只采用光学方法拍照提取钱币水印特征。

7. 检验开始日期：20××年××月××日

8. 检验地点：××司法鉴定中心

二　检验

1. 应用仪器。

佳能 70D 数码照相机、18mm—200mm 变焦镜头、多波段光源、三脚架。

2. 应用方法。

公安部物证鉴定中心《可见光照相方法》IFSC 10 – 02 – 01 – 2006。

3. 检验过程。

首先，在三脚架上安装好数码照相机。相机镜头平面要与钱币表面保持垂直。在自然光下拍摄检材原貌，拍摄结果见图。自然光下拍不到水印图片，肉眼难以判断。

　　然后，在本实验室的暗室内，利用多波段光源发射的蓝绿光照射，在三脚架上用数码照相机对钱币进行拍照，并进行处理方法的模拟实验；通过实验，找到水印位置，将比例尺贴放在水印下方，将相机的 ISO 设置为 100、1/30s、F 5.6，数码照相机拍摄模式设为 A⁺模式，小角度入射蓝绿光，拍摄到清晰的水印图片。采用蓝绿光或紫外光进行检验照相，水印物质在蓝绿光或紫外光激发下，会释放荧光，从而与背景形成对比，利于肉眼识别。

　　三　检验意见

　　利用蓝绿光等特种光源照相方法对××市公安局××分局通知持公函送来《"10.11"故意伤害案件》中提取到的钱币进行拍照，能清晰地看到钱币的水印特征。具体见附件。

　　附件：

图 4.2.1.1　检材自然光线拍照

图 4.2.1.2　蓝绿光拍摄的图像

鉴定人：

《司法鉴定人执业证》：

鉴定人：

《司法鉴定人执业证》：

20××年××月××日

加盖（司法鉴定专用章）

　　五、实训练习

　　1. 选取一张对人民币，分别在自然光线和特征光线下进行拍照；

　　2. 根据检验照相要求，将实训项目四·实训任务二·实训练习 1 的图像制作成一份照相检验鉴定书。

—— 实 训 项 目 五 ——

典型刑事案件的现场照相

 实训情境

随着经济的发展，科技的进步，危害社会公共安全的犯罪案件成为摆在刑事侦查人员面前的头等难题。此类案件例如命案、火灾案件、爆炸案件、投毒案件等，危害着不特定多数人的生命、健康和重大公私财产安全及公共生产、生活安全。因此，针对每类案件，需要注意不同的勘查重点，并采用合适的拍照方法，从而对现场进行固定。

命案在进行刑事照相时，需要通过勘查确定尸体的死因，此时则需要通过照相的方式对尸体的状态进行准确固定，以便后期分析死亡是否为机械性损伤致死、缢死、溺死、烧死、中毒、电击、高坠、枪击等死亡性质。其次，需要对现场状态进行拍照固定，分析判断有无他人进入现场的可能，以及是否有死后移尸的现象。最后，在进行尸体检验时，需要对尸体外表状态、解剖后状态进行拍照固定，同时对现场血迹和痕迹物品进行拍照固定。

火灾案件在进行实地勘验时，需要注意起火原因、起火点，此时首先应着重对最先发现起火人员指定的具体地点进行拍照固定，注意要真实反映现场的烟熏、燃烧、炭化和倒塌痕迹。其次要注意对现场发现烧剩引火物和助燃剂进行寻找发现，并拍照固定。最后，要注意寻找发现现场中未被破坏的痕迹物证，如犯罪分子进出现场时留下的足迹、交通工具痕迹、抛掷的油瓶等物品，未被烧毁的门、窗、墙壁、保险柜、办公桌等物体上发现犯罪分子遗留的手印、破坏工具痕迹等，同时按照刑事照相的要求对这些痕迹进行拍照固定。如果现场有尸体，更应该对尸体表面的状态、伤痕、特殊标记、烧焦程度等进行拍照固定。

爆炸案件，首先要对爆炸点的位置、形态、大小、深度、形状、烟垢、残留物等进行拍照固定。然后对爆炸遗留物和残留物拍照固定，以利于后期分析爆炸装置类型、引爆方式、控制系统、起爆能源等。对尸体的方位、姿势、形态、数量、体貌特征、损伤位置及形状、伤口面粘附的爆炸残留物、衣着特征等进行拍照固定。最后，注意发现和收集其他痕迹物品，如门窗上的破坏痕迹、现场烟蒂、纸片等，并对其进行拍照固定。

　　投毒案件，在进行现场勘查时可以根据案件的具体情况和现场的具体环境及状态决定勘查顺序，对投毒物质的地点及毒源所在地的痕迹、物品应及时拍照固定后提取。对毒源所在地及污染区域的土壤、水源、食品、饲料等，应拍照后提取样品。对现场外围和有关地带进行搜索、检查以发现犯罪嫌疑人的足印、丢弃或隐藏的毒物及毒物包装物等痕迹、物品，同时对这些物品进行拍照后提取。

实训目的

1. 掌握命案现场的刑事照相方法；
2. 掌握火灾现场的刑事照相方法；
3. 掌握爆炸现场的刑事照相方法；
4. 掌握投毒现场的刑事照相方法。

实训任务一　掌握命案现场的照相

一、实训原理分析

　　有尸体存在的现场通常被称为命案现场。尽管命案现场的性质各异，如爆炸、投毒、交通事故等，在现场勘查及现场照相中它们却都有共通的性质。命案现场的勘查是围绕发现尸体所在的地点、血迹的分布、遗留的痕迹等物证的特征以及周围环境而进行的。命案现场的拍摄主要包括现场客观状况的拍摄以及现场尸体检验情况的拍摄两个方面。

　　现场客观状况的拍摄主要包括：发现尸体的地点状况，尸体的位置和姿势；现场上遗留的痕迹、血迹分布情况及特点；搏斗痕迹状况；现场上遗留物的分布状况，如凶器、作案人留在现场上的物品、衣物及其他用具或遗留物等的状况和位置等。

　　现场尸体检验情况的拍摄主要包括：先拍尸体的原始位置和姿势，后拍尸体移动的情况；先拍尸体与周围的联系，后拍尸体自身的情况；先拍尸体的尸表情况，后拍尸体的解剖所见征象。即由表及里，逐步深入、连贯有序地层层开展尸体的拍摄。尸体检验包括尸表检验和尸体解剖检验两部分。尸表检验需要拍摄的内容：尸体的全身照，以表现其衣着情况，需要时还要拍摄裸体情况以及表现其伤痕分布情况等；半身辨认照，以表现其相貌特征，这时照相机镜头应垂直于尸体面部所在的平面，以保证拍摄不变形；尸体上各个局部的拍摄，如尸体上附着物的位置及其特征，尸体上各伤痕、伤口、尸斑状况等，这些局部的拍摄均应按照比例照相的规则进行。若为碎尸现场，先拍摄所发现各尸块的部位后，在可能的情况下尽量将其进行拼合起来进行拍摄。尸体解剖检验需要拍摄的内容：尸体解剖时的步骤照，特别需要表现致命部位的解剖特征等。

二、实训内容

1. 设计一个室内命案现场，根据现场情况制定现场的拍摄计划；
2. 根据拍摄计划，从现场照相内容的四个部分出发，选用恰当方法拍摄；
3. 命案现场照片卷的后期制作。

三、实训器材

数码照相机、三脚架、电子闪光灯、比例尺。

四、实训步骤与方法

1. 模拟一个室内命案现场或室外命案现场。
2. 小组分别进行拍摄，首先拍摄现场进出口（一般采用单向拍摄法）。
3. 进入现场对现场整体状况进行现场概貌照拍摄（根据现场位置，可以采用双向拍摄法或多向拍摄法）。
4. 对尸体位置、被翻动位置等进行现场重点照拍摄，对尸体进行拍照时注意拍尸体面部、衣着、伤痕特写照。
5. 对现场血迹、作案工具、痕迹物证等进行分别放比例尺拍摄，注意取景器、镜头、物品三者平行且中心在一条直线上。
6. 将现场照片按制卷要求，编排一套命案现场照片卷。

五、实训练习

同学们每 10 人为一个小组，每个小组模拟设置一个命案现场，每小组完成一个命案现场的拍摄，并按照要求完成现场照片卷的制作。

实训任务二　掌握火灾现场的照相

一、实训原理分析

火灾现场的起火点、引火物及其他有关痕迹物证，能为查明起火原因、分析判断案情提供依据。但是由于众人的扑救活动，火灾现场的原始状态往往遭到破坏，因此需要更认真地勘查和拍摄。火灾现场的拍摄主要包括两个方面：现场客观状况的拍摄和现场尸体检验情况的拍摄。

现场客观状况的拍摄，其中概貌照相需反映出燃烧涉及的范围等状况，重点部位照相和细目照相需反映出起火点及其烧毁程度（如熏烧、碳化等）的特点，现场遗留的引火物、痕迹等物证的位置及特点，尸体的位置及其被烧状况等。

现场尸体检验情况的拍摄，对起火点中心部位的尸体拍摄，需重点表现出被烧尸体有无其他外伤情况以及尸体解剖过程中所反映的生活反应特征，解决是否是由于火灾原因造成的死亡，还是死后被焚尸的问题。

二、实训内容

1. 设计一个室内火灾现场，根据现场情况制定现场的拍摄计划；
2. 根据拍摄计划，从现场照相内容的四个部分出发，选用恰当方法拍摄；
3. 火灾现场照片卷的后期制作。

三、实训器材

数码照相机、三脚架、电子闪光灯、比例尺、模拟火灾现场所需的物品。

四、实训步骤与方法

1. 模拟一个室内火灾现场或室外火灾现场。
2. 照相小组分别进行拍摄，首先拍摄现场进出口（一般采用单向拍摄法）。
3. 进入现场对现场整体状况进行现场概貌照拍摄（根据现场位置，可以采用双向拍摄法或多向拍摄法）。
4. 对尸体位置、着火点、被燃物等重点场所进行现场重点照拍摄，对尸体进行拍照时注意拍尸体面部、衣着、尸表特写照。
5. 对现场引燃物、起火点、痕迹物证等进行分别放比例尺拍摄，注意取景器、镜头、物品三者平行且中心在一条直线上。
6. 将现场照片按制卷要求，编排一套火灾现场照片卷。

五、实训练习

同学们每 10 人为一个小组，每个小组模拟设置一个火灾现场，每小组完成一个命案现场的拍摄，并按照要求完成现场照片卷的制作。

实训任务三　掌握爆炸现场的照相

一、实训原理分析

爆炸现场勘查需以炸点为中心，围绕发现炸点的位置、爆炸物抛出的位置及环境进行。炸点，是指接触或邻近炸药的介质和物体，被高温、高压的爆炸气体产物压缩、粉碎、抛出所形成的集中的破坏痕迹。爆炸现场一般都有炸点，炸点是现场的勘查和拍摄重点。爆炸现场的拍摄主要有两部分：现场客观状况的拍摄和现场尸体检验情况的拍摄。

为预防爆炸事故发生，保障生命财产安全，应严格依照公安部制定的公通字〔2010〕51号《公安机关处置爆炸物品工作安全规范》处理爆炸现场。与此同时，爆炸现场的拍摄重点应有以下几个方面：对发生在公共交通工具上的爆炸，重点车厢的旅客必须逐一照相；应反映出炸点的原始状况，有炸坑的要反映其形状、口径及深度等；应反映出炸点周围的痕迹特征，主要包括高温、高压作用所产生的痕迹、烟痕等；应对炸点周围破碎严重、分布广泛的残片及时拍摄，并做好位置记录；应对受伤人员在现场的位置，以及死亡人员尸体的位置和原始姿势进行拍摄。

现场尸体检验情况的拍摄，对伤亡人员的检验拍摄包括以下几个方面：尸体的全体拍摄、尸体或活体的面部辨认拍摄。另外，其损失情况、创口形状、创口走向、创口提取物等，均应逐一地进行比例照相。

二、实训内容

1. 设计一个模拟室外爆炸现场，根据现场情况制定现场的拍摄计划；
2. 根据拍摄计划，从现场照相内容的四个部分出发，选用恰当方法拍摄；
3. 爆炸现场照片卷的后期制作。

三、实训器材

数码照相机、三脚架、电子闪光灯、比例尺、模拟爆炸现场所需的物品。

四、实训步骤与方法

1. 模拟一个室外爆炸现场。
2. 照相小组分别进行拍摄，首先爆炸现场外围状况（一般采用单向拍摄法）。
3. 进入现场寻找炸点，对炸点周围现场整体状况进行现场概貌照拍摄（根据现场位置，可以采用双向拍摄法或多向拍摄法）。
4. 对尸体位置、炸点等重点场所进行现场重点照拍摄，对尸体进行拍照时注意拍尸体面部、衣着、尸表特写照。
5. 对现场炸点形状、炸点附近烟垢痕迹、碎片残片等物证进行分别放比例尺拍摄，注意取景器、镜头、物品三者平行且中心在一条直线上。
6. 将现场照片按制卷要求，编排一套爆炸现场照片卷。

五、实训练习

同学们每10人为一个小组，每个小组模拟设置一个室外爆炸现场，每小组完成一个爆炸现场的拍摄，并按照要求完成现场照片卷的制作。

实训任务四　掌握投毒现场的照相

一、实训原理分析

投毒现场一般有相应的毒害迹象，如现场有毒气气味、呕吐物、排泄物、装盛食物和毒物的容器、包装物、吃剩的食物以及尸体等。投毒现场的拍摄主要有两部分：现场客观状况的拍摄和现场尸体检验情况的拍摄。

现场客观状况的拍摄，概貌照相包括受害者卧倒姿势及其所在位置，以及与投毒有关的所有痕迹等物证遗留部位所涉及的范围。重点部位照相和细目照相需反映现场中能够说明中毒特征的物体的位置及特点。如毒源、呕吐物、腹泻物以及其他排泄物、吃剩下的有毒食物、药品以及盛装食物、毒物的器皿和用具的位置及其特点，有无遗书及遗书的位置、内容等特点。

现场尸体检验情况的拍摄，需要表现出说明中毒的明显特征，如尸体口唇腐蚀斑等。通过尸表检验和尸体解剖可以发现中毒情况和残留毒物等。

二、实训内容

1. 模拟一个室内投毒现场，根据现场情况制定现场的拍摄计划；
2. 根据拍摄计划，从现场照相内容的四个部分出发，选用恰当方法拍摄；
3. 投毒现场照片卷的后期制作。

三、实训器材

数码照相机、三脚架、电子闪光灯、比例尺、模拟投毒现场所需的物品（如假人、白色粉末）。

四、实训步骤与方法

1. 模拟一个室内投毒现场。
2. 照相小组分别进行拍摄，首先拍摄投毒现场出入口（一般采用单向拍摄法）。
3. 进入现场勘查，对现场整体状况进行现场概貌照拍摄（根据现场位置，可以采用双向拍摄法或多向拍摄法）。
4. 对尸体位置、投毒地点等重点场所进行现场重点照拍摄，对尸体进行拍照时，注意拍尸体面部、衣着、尸表特写照。
5. 对毒源、呕吐物、腹泻物以及其他排泄物、吃剩下的有毒食物、药品以及盛装食物、毒物的器皿和用具的位置及其特点，有无遗书及遗书的位置、内容等物证进行分别放比例尺拍摄，注意取景器、镜头、物品三者平行且中心在一条直线上。

6. 将现场照片按制卷要求，编排一套投毒现场照片卷。

五、实训练习

同学们每 10 人为一个小组，每个小组模拟设置一个室内投毒现场，每小组完成一个投毒现场的拍摄，并按照要求完成现场照片卷的制作。